為什麼

好人總是袖手旁觀

Why We Act

Turning Bystanders Into Moral Rebels

凱瑟琳・山德森——著　林凱雄——譯
Catherine A. Sanderson

前言

二〇一七年八月二十五號那一天，我跟先生在幫我們的長子安德魯安頓大學新生生活。我們去沃爾瑪（Walmart）超市買了小冰箱與地毯，幫他把海報貼到床邊的牆上，也參加了校方規定的家庭惜別午餐會，才驅車回到比往常稍顯安靜的家。

兩週後，安德魯打電話來，這很不尋常，因為他跟大多數青少年一樣，能傳簡訊就傳簡訊。他哽咽地告訴我，宿舍有個學生剛過世了。

從電話那頭的描述聽來，他們有很多共同點：都是大一新生，都來自麻薩諸塞州，分別就讀互別苗頭的預備中學，兩人也都有弟弟。

我問他：「怎麼會這樣呢？」

他說那個學生跟朋友喝醉酒，在週六晚上大約九點跌倒撞到了頭。他的朋友、室友和袋棍球隊友照料他好幾個小時，還讓他揹上背包，以免他翻成仰臥姿勢而被嘔吐物噎死。他們也不時確定他還有呼吸。

不過，事發將近二十小時，他們就是沒有打九一一。等他們終於在週日下午四點左右向外求援，已然太遲。那名學生在送醫後被接上維生器，好讓他的家人能飛來見他最後一面。

當初若有立即醫療照護能否挽回他的性命，現在已無從應證，或許可以，不過他並沒得到那個機會。大學生面對嚴重事故卻毫無應變力，這種事例實非罕見。

即使後果可能相當慘重仍選擇束手無為，不只是大學生會這樣。一名男性被強行拖下聯合航空班機，錄下的過程在網路瘋傳，為什麼大多數乘客在事發當下默默待在座位上？同事開口損人或有騷擾行為，是什麼原因令其他人保持沉默？經過這麼多年，教會領袖為何不舉報天主教神父的性虐待犯行？

我在一九九〇年代是普林斯頓大學（Princeton University）的研究生，過去二十年間在阿默斯特學院（Amherst College）擔任教授——我的學術生涯都聚焦於社會規範的影響力，也就是形塑我們行為的不成文規定。人雖然會遵循這些規範以融入社群，但也可能對規範嚴重誤判。袖手旁觀的案例看似相互迥異，但我愈想愈覺得明顯，這些事件根本肇因於同樣因素：對事件本質感到困惑，旁觀者不覺得對此有個人責任，誤判社會規範，害怕插手的後果。

我透過研究發現，教育民眾社會規範的力量、點出我們對這些規範屢犯的誤判以及誤判的後果，都能幫助人採取更適當的行動。我的研究顯示，大一女生得知校園社群規範其實是在推崇不健康的體態典型，之後出現飲食失調的比率較低；大學生得知許多同學都在跟心理問題拔河，對心理健康服務的觀感會更正面。我們常會誤判旁人真正的想法——以為所有女性都想瘦、別的大學生從未感受悲傷寂寞——協助人理解誤判的心理成因，會減少我們對他人的錯待與誤解，亦使我們的身心更健全。這也可以鼓舞我們採取應對行動。

一九八七年，我在史丹佛念大學時首次接觸到心理學。我還記得，當我學到身處人群會對個人行為造成多強烈的影響，我感到非常驚異。我有幸能受教於菲爾・津巴多（Phil Zimbardo），他的史丹福監獄實驗（Stanford Prison Experiment）至今仍是心理學界最知名也最具爭議的研究之一。能透過他入門社會心理學，實在難得！

在那個年代，研究人員能設計實驗並測量人的行為，但我們無法破解行為的生成機制；我們看不到人腦如何運作。神經科學近年來的突破使情況完全改觀，現在我們可以即時監測人腦如何處理特定情境、壓力與經驗。如同我將透過本書描述的，這些研究結果已經揭露，許多導致人袖手旁觀的決策過程並非出於深思熟慮，而是腦部在自動層級的反應。

我寫這本書是想幫助大家了解，人類在惡行前傾向沉默的天性源於哪些心理因素，這種沉默為何又是促使惡行持續的重要推手。本書的前半部說明導致好人作惡的情境與心理因素（第一章），而這些因素會造成一種更常見的現象，就是我們面對他人惡行時的沉默無為（第二到五章）。接下來，我會解釋在中小學校園霸凌（第六章）、大學性騷擾（第七章）、職場不當行為（第八章）此類特定的現實情境中，這些因素會如何克制旁觀者的行動。最後，我會檢視有些人更容易挺身反抗他人的原因，我們又能從這些反叛勇者身上學到什麼（第九章）。我會在末章做策略探討，不論各人性格為何，這些策略都能在別人亟需我們伸出援手時，使我們更能勇於發聲、採取行動。

我想讓大家了解導致人袖手旁觀的力量，並提供在個人生活中抗拒這類壓力的實用策略，希望這能協助本書讀者挺身而出、做對的事情，即使感覺困難重重。最終，我要說的就是破解旁觀者沉默無為的秘訣，並確保不會有人得在重傷後空等二十小時，才有人拿起電話求援。

目錄 CONTENTS

2 加害人與旁觀者

目錄
CONTENTS

1 好人為何默不吭聲

第1章 禽獸的迷思
……尋常人也會做出糟糕事

二〇一二年八月十一號，俄亥俄州斯托本維爾（Steubenville）一名十六歲青少女去參加當地高中生的派對，會眾中也有美式足球校隊隊員。她在派對裡喝多了，醉得很厲害，後來還開始嘔吐。當晚在場的學生說她看起來「茫了」。次日上午，她在一間地下室客廳醒來，全身赤裸，身邊有三個男生，不過她對前晚幾乎一點記憶也沒有。

接下來幾天，數名參加派對的學生在社群媒體貼出照片與影片，歷歷呈現少女的遭遇：她被脫掉衣服，遭人性侵。二〇一三年三月，斯托本維爾高中美式足球校隊隊員川特・梅斯（Trent Mays）與麥力克・里奇蒙（Ma'lik Richmond）被判強暴罪名成立。

多數人聽到這類故事，會覺得這些壞事想必是壞人所為。肯定只有天性惡劣的人才會性侵一名失去意識的少女。壞人做壞事這種信念很安慰人，可惜並不正確。長年研究巴勒斯坦恐怖分子的娜斯拉・哈珊（Nasra Hassan）說：「駭人的不是自殺恐攻分子有哪裡異常，而是他們根本就很正常。」[1]

或是來聽聽蘇・克萊伯德（Sue Klebold）怎麼說。一九九九年，她的兒子狄倫（Dylan）夥同同學艾瑞克・哈里斯（Eric Harris），在科羅拉多州科倫拜中學（Columbine High School）槍殺了十餘人。她說：「把狄倫視同禽獸的信念有更深層用意：大家需要相信他們能認出人群中的惡魔。」[2]

為什麼我們假定壞人才會做壞事？因為這樣的信念可以安慰自己：我們認識的好人——親友，連同我們本身——不可能做出那種事情。

不過，「好人」還是可能為非作歹，也確實會這麼做，從校園霸凌、大學兄弟會整人儀式到職場性騷擾都不例外。所以說，抑制惡行不單是認出禽獸並加以阻止，最根本的是要辨識出導致素行良善者做出糟糕決定是哪些因子，才能防患於未然——或減少事發的可能性。很多人之所以做出明知不可為的事，是被某些背景與情境驅使，本章要檢視的就是這些環境因素。當我們身在群體中，若有一個可信的權威人物發號施令，我們更容易做出害人之事。又或者，如果我們是逐漸步入歧途，也會很難罷手。這些現象或許你不驚訝，但箇中原因可能出乎你意料之外。

群眾誘發惡行

從前我在普林斯頓念研究所時，有一份很棒的兼職工作：我住學校宿舍同時協助大三與大四的舍務助理。我要陪學生在宿舍餐廳吃飯，協辦全舍聯誼活動，幫助學生面對課業與個人問題等等。然而這份工作有個重大缺點：每年有一個晚上，我必須在裸體奧運擔任「救護員」。

裸體奧運始於一九七〇年代早期，是普林斯頓行之有年的非正式傳統，直到校董會出面禁止才在一九九九年畫下句點。每年初雪降下時，通常是在一月，大二學生不分男女，必須在午夜繞著校園跑一圈，而且全身只能穿戴跑鞋、帽子和手套。一如你的想像，參賽者通常會在起跑前幾小時狂喝酒精飲料，一則為了禦寒，二來能夠緩解在同學面前裸奔的強烈尷尬。

我負責站在其中一棟學院的院子裡，身穿反光夾克、顧著急救箱，這麼一來，只要有學生發生在冰面跌倒這類麻煩就很容易找到我。每年我杵在那裡，全心希望能在下屆裸體奧運前寫完論文、離開普林斯頓，我都不禁尋思：「這可是美國最優秀、最聰明的一群學生，為什麼他們要搞這種活動？」午夜時分在雪地裡醉醺醺地裸奔，怎麼看都不像個好主意。

不過這個例子說明了一個心理學的重要發現：人在群眾中會做出他們獨處時絕不會做的

事。裸體奧運大抵無害，不過這個原理用來解釋其他真正嚴重的惡行也成立。在群眾中出現的惡行不勝枚舉：

- 二〇一〇年二月，狄倫·基弗·楊特（Dylan Gifford Yount）站在舊金山某棟商務大樓的四樓樓緣上，地面同時聚集了大批圍觀群眾。許多人出言嘲弄他，對他喊「跳呀！」、「趕快跳就對了」。四十五分鐘後，楊特跳樓身亡。
- 在德國科隆，有大批男性在二〇一五跨二〇一六年的慶祝晚會中集體性侵女性，估計有一千兩百人受害。
- 二〇一八年二月，費城老鷹隊（Philadelphia Eagles）贏得超級盃冠軍，瘋狂慶祝的球迷推翻車輛、拔除街道電線桿、放火砸窗，造成相當於二十七萬三千美元的損失。

為什麼人在群眾中會做出獨處時絕不會做的事情？有個解釋是，人相信自己混跡人群不會被認出來，所以別人無法要他們為自己的所作所為負責。即使不在人群裡，如果是戴上面具、頭套或是在黑暗中行事，攻擊侵犯的頻率和嚴重程度都會提高。如同心理學家津巴多的研究發現，大學生被要求對另一名學生施予電擊時（他們以為自己在參與一項關於創造力的研究），如果戴上可隱瞞身分的頭套，他們施予電擊的時間就會比沒戴頭套時明顯增長——也讓對方更痛苦。[3]

在實驗室之外也能看到相同現象。英國萊斯特大學（University of Leicester）的安德魯‧修克（Andrew Silke）對北愛爾蘭暴力事件的分析發現，人在偽裝後（穿戴面具、頭套或遮臉的布料）會做出更多破壞行動、傷更多人，造成更嚴重的人身傷害。[4]這也有助於解釋霸凌與其他攻擊事件為何在網路上如此常見，因為可以匿名發文。

群眾的「去個人化」（deindividuation）效果也可能促發惡行，這是指喪失了身為獨立個體的感知。[5]當人放下個人道德準則、渾然忘我（成群結隊時很容易如此），就會擺脫平時對越軌行為的約束。

人群愈龐大，行為愈糟糕。賓州州立大學（Pennsylvania State University）的安德魯‧李奇（Andrew Ritchey）與貝瑞‧盧百克（Barry Ruback）在分析暴民私刑時記錄下這種效應。[6]他們檢視了一八八二到一九二六年間《亞特蘭大憲法報》（Atlanta Constitution）關於喬治亞州暴民私刑的報導，從四百一十一起不同事件中找出五百一十五名受害人，並且記錄暴民人數、受害人種族與性別，以及每起事件的暴力程度。雖然所有事件都有人死亡，他們還是分列出比較暴力的事件，也就是受害人被施以火刑、吊刑以及／或是遭到毆打。分析結果顯示，從私刑現場的群眾人數多寡可以穩定預測暴力程度。

人群似乎會助長惡行，然而要了解原因究竟何在十分困難。人或許不清楚自己為何選擇做出某些事情，自然無法正確告知研究人員所謂的動機；他們也可能替行為找藉口，給自己一點面子或感覺好過些。

然而，近年神經科學的突破引進一些重要工具，有助於探索這種行為。運用神經造影技術，學者能即時檢視不同腦區在人從事某些活動時的動靜。這表示不再只仰賴當事人對自身動機的說法了，我們可以探究群眾情境如何改變腦部活動模式。[7]

身處人群中，人的腦部神經反應是否比較弱？率先研究這個主題的是一群麻省理工學院（MIT）的學者，起因是其中一位研究人員米娜．齊卡拉（Mina Cikara）念研究所時的個人經驗。有天下午，齊卡拉與她的先生決定去洋基球場看棒球賽，場上是宿敵紅襪隊與洋基隊對戰。她先生戴著紅襪隊的鴨舌帽，因此不斷被洋基球迷恥笑。為了緩和情勢，齊卡拉把先生的帽子改戴到自己頭上，以為洋基迷應該不會攻訐女人才對。

結果證明她錯了，她說：「我這輩子從沒被那樣恥笑過。」[8] 球賽結束後，她決定找出平時表現正常者（雖然說句公道話，那些人可是洋基球迷哩）在人群中行為如此脫序的原因。

齊卡拉與同事設計了一個實驗來測試兩個問題：人在組隊比賽時會比獨自參賽更忘我嗎？因為打團體賽而比較忘我的人，對競爭隊伍的成員會更狠嗎？[9] 他們假設組隊競賽可能降低人的自覺，因此喪失評估自身行為的能力。

在這個實驗的第一部分，學者使用功能性磁振造影儀（functional magnetic resonance imaging，fMRI）測量受試者獨自參賽時的腦部活化模式，再測量他們組隊時的情形。在比賽過程中，研究人員讓受試者看一些關於自己或他人道德行為的正負面描述，例如「我從共用冰箱偷過別人的食物」或是「他撞到別人總是會道歉」。

研究人員鎖定的是一個叫做內側前額葉皮質（medial prefrontal cortex，mPFC）的特定腦區。比起想到別人，內側前額葉皮質在人想到自己時比較活躍（口頭說法是會「亮起來」），也就是人思考自身性格特質、外貌特徵或心理狀態的時候。[10]

齊卡拉與同事發現，當受試者獨自參賽並閱讀自身描述時，內側前額葉皮質遠比閱讀他人描述更活躍。不過，當他們組隊參賽並閱讀自身描述，大約一半受試者的內側前額葉皮質活躍程度跟閱讀他人描述的差異小得多了。這些研究結果告訴我們，有些人在團體中確實比獨處時更忘我。

不過，這些學者的關鍵問題不只是團體賽會否讓有些人更易忘我，也想知道這種自我反思減弱的後果。他們設計了另一個實驗，讓受試者看敵我兩隊每名成員的各六張照片，並且請受試者從各成員的照片中挑出一張，要印在公開發表的報告中。這些照片已事先根據吸引力評等，從很難看到很好看的程度打過分數。在團體賽中顯示自我反思程度降低（內側前額葉皮質活動較弱）的受試者，比起幫隊友挑的照片，他們傾向為敵隊成員挑選較不好看的照片。自我反思未顯示降低的受試者，則會為兩隊成員挑選吸引力相若的照片。

學者得到的結論是，在團體情境中較忘我的人，更可能出現傷人的舉動。身在彼此直接競爭的團體中，這種行為或許會特別顯著，就像齊卡拉在洋基球場戴上先生的紅襪隊帽子，她就有這種體驗。

參與這次研究的學者蕊貝卡．薩柯斯（Rebecca Saxe）表示：「雖然在許多情境中，人類都顯得強烈偏好平等，在道德上也致力克制傷人行為，不過一旦出現『我們』與『他們』，人的優先次序就會改變。」[11]

我只是奉命行事

許多實驗證明好人也會出手傷人，其中最早也最知名的一個出自耶魯大學的史丹利・米爾格蘭（Stanley Milgram）。他對這個問題很感興趣：人會不會因為權威人物的命令而對他人強加痛苦？因此他特別設計了一個實驗，目的是了解促成納粹大屠殺的心理過程：參與大屠殺的共犯聲稱他們只是服從命令，從而殺害了數百萬無辜民眾。米爾格蘭寫道：「服從是人類行為的一個決定因素，與我們的時代又特別相關。毒氣室因此平地而起，死亡集中營受到嚴密看守，日日生出定額的屍體……這些慘無人道的政策或許僅起於一人的思維，但唯有為數極眾的人服從命令，才有可能大規模執行。」[12]

在一系列實驗中，米爾格蘭找一群男性來到他在耶魯的實驗室，聲稱要讓他們參加記憶與學習的研究（最初的實驗有四十名男性受試者，後來衍生的變化實驗也納入女性）。每名受試者抵達實驗室時，都由一名實驗員接待，並向其介紹另一位受試者，但這人其實是研究人員的暗樁。實驗員解釋，這項實驗是用來測試一個重要的科學問題，了解懲罰對學習速度的影響。

受試者被告知，他們一人要擔任「老師」，另一人擔任「學生」，在米爾格蘭設計安排下，真正的受試者永遠扮演老師，暗樁都是當學生。學生首先要看過一連串的成對字彙，然後實驗員給他看配對的其中一字，學生要從四個選項中選出另一個。老師可以和學生交談，但看不見學生，而且要在學生答錯時施予電擊。實驗員會假裝調整電擊強度，以了解這會促進或妨礙學習（實際上學生並未被電擊）。老師並被告知，他們要從強度最弱（十五伏特）的電擊開始，隨著學生每次犯錯增強。

學生會依各級強度做出相對的標準反應，在七十五伏特時是痛得大叫，到了一百五十伏特則會開始要求退出實驗，並且說他覺得心臟不舒服。如果老師猶豫了，或是疑惑地問實驗員能否停止，實驗員會說出下列四句台詞之一敦促他繼續：「請繼續」、「這個實驗需要你繼續下去」、「你絕對得繼續下去」、「你沒有其他選擇，只能繼續」。實驗員不斷重複這些話，直到老師拒絕繼續或不願讓電擊增加到最強（四百五十伏特──標註為「極度危險」）。

結果讓米爾格蘭大感意外──過半的受試者（六十五％）即使相信學生是無辜受試者，仍會給予對方最強的電擊。包括米爾格蘭在實驗前請教的精神科醫師在內，很多人對如此高比例的服從行為感到沮喪，原本預估只有大約一％的受試者會聽命到最後。米爾格蘭的實驗在五十多年前進行，不過近年在波蘭跟美國也有人做了類似實驗，發現受試者的服從比率差不多高。[13]

有些實驗更明確模仿現實情境，結果也顯示我們願意遵循權威的指示傷害他人。在某個實驗中，研究人員要受試者對工作應徵者唸出不同測驗題，但應徵者其實是研究人員的暗樁。[14]這名應徵者自始至終都由同一人扮演，扮相是年約三十、穿著得體的男性。研究人員告訴受試者，他們想要檢視應徵者在壓力下的反應，所以要受試者為難他，作法是對他說出愈來愈狠的評語，包括「你再這樣下去會出局」，以及「這份工作對你來說實在太難了」。隨著「面試」進展，應徵者會拜託受試者別再說了，接著會拒絕忍受抨擊並表現出緊繃的跡象，最終會情緒低落到不再回答問題。在沒有權威人物敦促受試者繼續的控制組中，每個受試者都沒有唸完全部十五句評語。不過，一旦有實驗員從旁敦促持續，九十二％的受試者會唸完表列所有對白。

即使會傷及無辜，人還是傾向遵循權威的命令，原因何在？一個關鍵因素是不論有何負面後果，這個權威人物都願意承擔，這令作惡的人認為能免於受罰。[15]這種自尋開脫的傾向在現實中也屢見不鮮，例如在伊拉克阿布格萊布監獄（Abu Ghraib）虐囚的美軍士兵，以及進行公司詐欺的企業高管。[16]

實驗研究顯示，當人在做出傷害行為時自覺應負的責任較小，就更會放手去做。有研究人員重複了米爾格蘭實驗，讓受試者感到自己對加諸傷害要負更大責任（被明確告知他們要為學生的安危負責），結果受試者提前許多就罷手。[17]人若自覺要為傷害別人負更大責任，也更能抗拒要他們傷人的明確命令。近年有人重複米爾格蘭實驗，並且仔細分析受試者的發言，結果發現，在言談間透露對自身行為有責任感的人，更可能反抗命令、停止電擊。[18]

從這些研究結果可見，減輕責任感會強化順從指示傷人的傾向，但原因仍然不明。人是否會把行為歸咎於權威人物的指示以避免承擔後果，就像納粹被告在紐倫堡受審時說他們「只是在奉命行事」？又或許，遵從命令確實改變了我們在神經層級處理行為的方式？

派翠克．海嘉（Patrick Haggard）是倫敦大學學院（University College London）的認知神經學家，他與同事設計了一個實驗，專門測試這個問題。[19]他們募來一批學生，聲稱要讓他們參加一個研究，檢視人在被指示如何行動時的互動方式，腦部又會怎麼處理這種體驗。受試者兩人一組，被要求對同組伙伴施以「疼痛但可忍受」的電擊。在其中一個情境設定中，受試者被告知可以選擇要不要電擊同組伙伴，如果選擇電擊會獲得額外的酬金。另一個情境則是實驗員命令受試者電擊同組伙伴。

研究人員用腦波儀（electroencephalography，EEG）監測受試者的腦部活動，藉此偵測神經學家所謂的「事件相關電位」（event-related potentials，ERPs）——腦部對各種感覺、動作或認知事件起反應時（例如觀看一張人臉照片或是感到驚訝），會產生這種微小電壓。人隨心選擇是否採取某個行動時，事件相關電位的強度通常比聽令行動的人更大，而腦波幅度較大表示腦部活動更活躍、感受較強烈。[20]這些學者想知道，人如果未經指示自行選擇施予電擊，事件相關電位是否會比奉命電擊的人更強？

首先他們跟受試者確認一件事：自主選擇電擊的人自覺要負更大責任（八十七%），而奉命電擊的人這麼想的比例比較少（三十五%）。學者檢視腦波圖資料，發現自主電擊者的腦部確實比奉命電擊者出現更強的事件相關電位。這代表什麼意思？人若是被要求或被迫做某些可能傷人的事，亦即「只是奉命行事」，那麼比起自主做出相同行為的人，前者的感受似乎沒那麼強烈。

腦部反應較小也讓我們發現，就神經層級而言，奉命行事似乎比自願行事來得缺乏意義。這使人更容易覺得對個人行為無須負責，因此更可能作惡。這也暗示了「只是奉命行事」的辯駁或許不僅僅是事後開脫的計策，聽從權威的明確指示去傷害他人，腦部處理行為的方式也會有所不同。

認同與否有影響

如果有人拿你做錯事的證據質問你，此時你會尋找怪罪對象是人類天性。畢竟要是錯不在你，你就能說服自己（或許還有其他人），你其實是個天性善良的好人。我們剛才就從神經科學的資料看到，比起自主行事，人在奉命行事時對個人行為的自覺似乎並沒那麼強烈。不過心理學家也發現，人有時會認同那些發號施令的權威，這種時候或許會選擇自願行惡。在魅力十足的宗教或政治領袖身上，這種效應尤其明顯。

英國聖安德魯斯大學（University of St. Andrews）與艾希特大學（University of Exeter）的學者做過一項實驗，分析對發號施令者的認同如何影響人的行動。[21]這些學者募來一群受試者，讓他們閱讀米爾格蘭實驗與其衍生實驗的文獻資料，請他們評估文獻中的受試者比較認同下令的「實驗員」還是被電擊的「學生」。研究團隊挑選出一組專家（已熟知米爾格蘭實驗的心理學家）、一組非專家（修習心理學入門課程、還不知道那個實驗的學生），以免他們的評估因知識程度而有落差（最後這兩組受試者分析的結果相同）。他們請兩組成員閱讀原始的米爾格蘭實驗資料，接著是多年來衍生出的十五個不同實驗，這些實驗的操作程序在細節上都做了重要改變。其中一個實驗裡，實驗員是透過電話下令而非在旁親口督促受試者。另一個實驗不是在聲譽卓著的耶魯大學進行，而是康乃狄克州的一棟辦公大樓。

在這些實驗中，身為科學家的實驗員代表科學界，而「學生」代表普遍的社群。這些心理學家和學生要評估，對於各項操作程序的改變，他們認為受試者會因此比較認同實驗員或「學生」。根據這些評估，學者再來檢視受試者在不同衍生實驗中認同的對象，是否與服從或抗命的意願有關連。

認同會影響服從程度嗎？簡而言之：會。有些實驗程序的改變會促使受試者認同實驗員，並且自認在為追求科學知識盡一分寶貴心力，導致他們服從電擊命令的時間比別人久得多。在一個衍生實驗中，「學生」從未口頭抱怨，只是捶牆抗議；另一個實驗中，有第二位實驗員出面發號施令以加快進程。

有些衍生實驗誘使受試者更認同「學生」，而這些受試者會比別人提早很多就拒絕從命，態度也更斷然。例如在某個實驗中，另有兩名所謂的受試者（其實是暗樁）在真正的受試者面前拒絕繼續電擊，而在另一個實驗中，兩名實驗員在受試者面前爭執是否要讓他繼續電擊。

研究結果可見，人在自認能免責之外，如果還相信這麼做是為了達成更高尚的目標，就可能會依令做壞事。

納粹政策的殺傷力之所以如此強大，前面這種解釋讓我們洞悉了其中一些因素。在納粹統治下，人除了心懷不甘或麻木地奉命行事，許多案例都顯示他們很認同法西斯主義更宏大的社會願景與使命。他們認同希特勒聲稱的危機，與他有同樣強烈的愛國情操，也對他緬懷較單純的往日生活深有同感。他們亦憎恨外來族群，相信希特勒對種族純淨社會的願景。

為什麼有些人為非作歹，另一些人卻不會？癥結其實不在於人的本性好壞。情境因素與自我認同比我們所以為的重要多了。[22]

猶豫不決也痛苦

我們已經看到，在米爾格蘭的原始實驗中，大多數受試者會對無辜的對象不斷施予逐漸加強的電擊，同時也以為這會令對方愈來愈痛苦。不過這個實驗有個經常遭人忽視之處，亦即對受試者來說，選擇繼續服從權威並非易事。從現場錄影看得出來，很多受試者雖然繼續施予電擊，其實對自己的作為非常難受。米爾格蘭如此描述一名深受困擾的受試者：「我看到一位成熟的商界人士，面帶笑容又充滿自信地走進實驗室，起初也泰然自若。不到二十分鐘，他就變成一個侷促不安、結結巴巴的懦夫，迅速瀕臨神經崩潰邊緣；他不斷拉扯耳垂、扭絞雙手，在某一刻舉拳抵住前額，喃喃說道：『天啊，我們停止吧。』」[23]這名男性就像大多數其他受試者，持續施予電擊到最強的四百五十伏特，不過他絕不是欣然盲從權威的禽獸。

米爾格蘭實驗的受試者要面對一個不尋常的兩難困境。他們事先同意參加一項實驗，以為這是為了推動科學進步，同時也信任那些發號施令的實驗員。然後，當電擊強度提高，他們施加的顯然不再只是「輕微的處罰」，才發現自己很難脫身。

大多數受試者到了某一刻都想反抗。他們問實驗員該怎麼辦，催實驗員去看看「學生」是否安好，許多人到後來也開始說「我不要做了」。不過他們沒有停手。大多數受試者的困擾在於他們無法堅守真心的感受、收手不幹。也就是說，他們想做正確的事，也試著這麼做，往往一試再試，卻無法貫徹決心。

那麼，有哪些人成功反抗了權威呢？米爾格蘭只將受試者分成「服從」與「不服從」兩大類，不過近來有人分析這項研究的錄音檔，揭露了更加豐富的微妙差異。[24]無論服從或不服從，很多受試者都表現出某種形式的抗命行為。有些人猶豫是否該繼續施予電擊，另一些人說出對傷害對方的疑慮，還有人想終止實驗。在「不服從」的受試者中，也就是拒絕施予最強烈電擊的那些人，有九十八%很早就停手了，並且說出「我做不下去了」，或是「我再也不要做了」之類的話。至於「服從」的受試者，也就是繼續施予電擊到最後的人，有十九%沒有直接拒絕的表示。

最終拒絕服從實驗員的受試者，他們不服從的方式各有不同。如果受試者使出多種反抗策略並更早質疑權威，比較容易罷手不幹。由此可知，想做正確之事卻失敗的人，通常是因為缺乏對的技巧和策略。

我在這整本書裡都會提供工具與策略，好讓你在抉擇時刻來臨，心想「我做不下去了」、「我再也不要做了」的時候，可以為正確的事堅持到底。

溫水煮青蛙的效應

當我們被鼓勵做明知不對的事，通常仍會聽命附和，還有一個原因是：情況是一點一滴地趨向極端。有時每一小步的變化雖讓人感到不對勁，但相對輕微，使得我們在心理上很難決定停手。接著，當我們造成的傷害漸增，想改變方向，又得為之前的無所作為提出解釋。這種「溫水煮青蛙」（gradual escalation）的現象使人難以認清問題所在、早早抽身。有個很好的例子是金融業者伯納·馬多夫（Bernie Madoff），他曾透過大規模龐氏騙局詐取數百萬美元。他在解釋剛開始如何起頭時說：「這個嘛，你也知道事情就是一開始你只拿點小錢，幾百、幾千之類的。然後你變得無所謂了，在你回神之前，事情已經像滾雪球般不可收拾。」[25] 從學術詐欺、兄弟會整人儀式到性騷擾，各種惡行通常都以相同模式發展。

實證研究證明，微小的過失會導致陷入滑坡謬誤；從小錯脫身較可能促使犯下規模更龐大嚴重的過失。一旦犯過小錯，你就得為此自我開釋才能繼續正面看待自己（我們都喜歡這麼做）。你可能會說這種小事沒什麼大不了，如此轉念將使你爾後更容易犯下大過。

曾經輕微不誠實，後續是否會出現更嚴重的犯行？為此研究人員做了一次實驗來測試：他們請大學生在三個回合的測驗中解一連串數學題目，[26] 並且把學生隨機分為三組，每組獎勵方式如下：

- 第一組：每回合每答對一題都能得到二·五美元。

- 第二組：前兩回合沒有任何獎金，第三回合每答對一題可得二．五美元。
- 第三組：第一回合每答對一題可得二十五分美元，第二回合每答對一題可得一美元，第三回合則是二．五美元。

受試者在每回合測驗結束後會拿到答案，並且要自行核對考卷，再從一個信封中取出應得的獎金。受試者不知道的是，研究人員之後會驗算他們拿的獎金數目。

你能預料會發生什麼事嗎？第三組受試者，也就是獎金逐漸提高的那一組，最常作弊——比率是另外兩組的兩倍。第三組學生起初的不實程度都很輕微，只多拿個二十五分錢，所以看起來沒什麼。有了第一回合的撒謊，在後續獎金提高的測驗中，撒謊的收穫更大，他們就更容易繼續撒謊。

企業詐欺往往也有類似的起頭，從違反職業倫理的小過開始，最後演變成重大的犯罪。被判會計詐欺罪的公司主管多半會說他們是一步接一步地走向詐欺，通常也都想不起來自己的脫軌行為究竟始於何時。[27] 大學兄弟會的入會考驗大抵也是循著這種溫水煮青蛙的模式，提出愈來愈荒唐的要求：起初是幫忙跑腿或是為學長洗車這類小事，隨之而來的是灌酒甚或挨揍這類危險考驗。

所以，我們已經看到犯小過會導致人更容易犯大錯，而這是為了替自己的行為開脫。不過還有一種解釋是，人在做壞事的時候，起初會有生理不適反應（因為體認到這麼做不對），然而隨著時間過去，他們也會調適自己而不再有此反應。這種說法也有證據支持，某研究證明人在重複觀看負面影像後（暴力、死亡、憤怒等等），腦部負責處理情緒的杏仁核活化反應會減弱。[28]

倫敦大學學院與杜克大學（Duke University）的研究人員想測試撒小謊是否會降低腦部活化反應，[29]他們要受試者與一人（研究人員的暗樁）同組，一起完成一連串預估作業，猜測瓶子裡有幾枚一分錢硬幣，同時以功能性磁振造影儀監測受試者腦部。在一個實驗情境中，受試者被告知，如果他們跟同組伙伴一起猜得最準確，兩人都能得到最多獎金；另一個實驗情境中，受試者則被告知，如果故意高報或低報預估數目就能得到最多獎金，他的伙伴則會拿到較少的錢。這個實驗程序是用來測量人故意謊報估計值的腦部反應。

當受試者刻意謊報時，監測顯示其杏仁核在起初幾回合有強烈反應，代表他們自知撒謊並且難堪。但隨著時間過去、次數重複，杏仁核的活躍程度明顯降低，表示神經反應變弱了。

由此可見，我們自知做壞事時通常會產生負面情緒，但撒小謊似乎會讓腦部對這種情緒逐漸無感，導致未來更容易行壞。學者們也發現，杏仁核的活躍度若在某回合大幅降低，在後續回合中受試者就更可能撒謊，而且是更大的謊。

雖然這項研究只檢視腦部在重複撒謊時的反應，不過神經反應會隨不實行為一再出現而減弱，這暗示了我們自知行為不端時，杏仁核起初反應很強烈，但會隨累犯而降低。這篇研究論文的作者之一解釋：「當我們是為個人利益撒謊，杏仁核會產生負面感受，為我們準備要撒的謊設限。然而，這種反應會隨我們持續撒謊而消退，消退得愈多、謊也愈撒愈大。這可能導致『滑坡謬誤』，使輕微的不實行徑升級成更嚴重的欺瞞。」[30]

我們已經知道，好人通常不會著手作惡。不過這項研究顯示，無論出於何種理由，好人若是一小步、一小步地往錯誤方向前進，之後的步伐可能就會愈跨愈大。

這個研究結果有助於解釋米爾格蘭實驗極高比率的服從行為，該實驗就是從微弱的電擊開始。起初，大多數受試者欣然聽從實驗員，持續施予多次電擊，直到程序要求得越發明顯過分；[31]從微小的十五伏特電擊開始，接著三十伏特、四十五伏特，看來似乎毫無傷害性。他們認為這是為了推動科學進步，幫助備受尊敬的教授判斷懲罰與學習有何關聯。不過電擊強度的逐漸增加，表示受試者到後來無法輕易找到合理解釋來支持自己稍後決心罷手，而隨著持續施予電擊，他們的生理與神經反應逐漸減弱。即使是備受敬重的權威做此要求，大多數人都不會願意在一開始馬上施予四百五十伏特（旁邊標示了「極度危險」）的電擊。只不過，如果給予一百伏特的電擊沒關係，那麼一百一十五伏特有何不可？你怎麼決定何時停手？

不過，還是有好消息：有些人確實下定決心住手。了解他們得以抗命的原因，能讓我們幫助別人也挺身抵擋各種社會壓力。分析實驗過程的錄音檔之後，我們發現有些因素使得部分受試者不服從。受試者愈早大聲質疑命令，最終就愈有可能不服從。[32]那些明確表示質疑的人也覺得很難合理化自己的行為。

在米爾格蘭實驗所有的衍生變化版本裡，不服從的受試者都在電擊到達一百五十伏特之時開始抗命。[33]這一級強度有何獨特之處？原來，此時被電擊的學生會首次要求離開，這個要求改變了雙方互動。對於不服從實驗員的受試者來說，受害者不願繼續實驗的心聲，顯然優先於實驗員要求繼續的指令。

在米爾格蘭實驗中，那些反抗權威的受試者都是普通人，但他們選擇深思別人要求他們做出什麼事，這樣的思考使他們得以反抗情境壓力而不服從。所以說，他們與其他受試者，究竟有什麼不同舉動？我們又能從他們身上學到什麼？

了解沉默與袖手旁觀

目前為止，我都聚焦於好人做壞事的例子，以及促發這類行為的情境因素。了解這些因素至關重要，這提醒了我們人人都會受其影響，也有助於培養一些方法來對抗它們的拉力。例如，研究人員發現，人如果理解質疑權威命令的重要性，知道抗拒犯小過的壓力很重要，就比較不會被這些拉力引入歧途。

我在本章開頭舉了一個青少女被同校男生性侵的例子，現在我要更完整交代這個事件。那兩名被判有罪的學生並非當晚唯一的壞人，另有兩名學生抓住那名受害女生的手腕和腳踝，在她毫無反應的狀況下抬走她。多名學生錄下她全身赤裸且失去意識時的影像並傳給其他學生，甚至貼到推特、臉書跟YouTube上。當晚沒有一名學生試圖幫她，不論是阻止性侵、把她帶離不安全的場合，或是打九一一，他們什麼都沒做。

那兩名強暴她的學生顯然做了駭人之事，但其他旁觀者明明可以插手拯救卻選擇漠視放縱，也同樣不容置疑。在某種程度上，是旁人的不作為造成這樁性侵事件。

不幸的是，古往今來都有案例證明，即使在某些情境中，糟糕的事情仍持續發生，只有極少數人能超越克制行動的壓力。雪洛琳・伊菲爾（Sherrilyn Ifill）寫過一本以私刑傳統為題的書，她提醒我們，美國對非裔人士動用的私刑經常是在公共廣場進行，並且有數百人甚或上千人圍觀。[34]這些群眾絕非人人都在喝采，有些人應該覺得恐怖至極，但少有人試圖阻撓。

少數人為非作歹，多數人忽略無視，這在今昔同樣屢見不鮮。賓州州立大學某個兄弟會進行新生整人儀式，之後有一名十九歲學生摔下整層樓梯，為什麼在場那麼多人都沒打九一一求援？川普總統屢作言論攻訐，例如他說墨西哥人是強暴犯跟殺人犯，為什麼這麼多共和黨領袖都無視這種行為？天主教會為何選擇包庇性侵兒童的神父？賴瑞・納薩爾（Larry Nassar）多年間不斷性侵年輕體操選手，雖有風聲傳出，為什麼從密西根州立大學（Michigan State University）的教練和主管到美國體操協會（USA Gymnastics）官員，這麼多人都無所反應？在這所有案例中，真正作惡的是一小群人，但許許多多的其他人沒有採取任何行動加以阻止。

惡行之所以能夠繼續，最重大的單一因素與其說是壞人品性不良，不如說是好人沒有出面主持正義。小馬丁・路德・金恩（Martin Luther King Jr.）博士曾在一九五九年的一次演說中提到這種傾向：「歷史將不得不如此註記：在現階段的社會轉型期間，最大的悲劇不是惡者的刺耳叫囂，而是好人那令人膽寒的沉默。」35

不過，還是有振奮人心的消息：了解是什麼因素導致好人（例如我們自己）一再保持沉默、袖手旁觀，能提供我們必要的工具，鼓勵我們挺身而出並採取行動。在下一章會看到，我們或許會認出有人在為非作歹，卻覺得自己對此無須擔負責任，並期待別人來做點什麼。又或者，如同會在第三章看到的，我們可能無法確定某些模稜兩可的行為其實很惡劣。我們或許也會覺得，插手干預的人身或社交代價太高，這將會在第四章探討。或許最重要的是，反抗同社群成員所帶來的個人、職業或社交後果可能令人卻步，這會在第五章討論到。總之，只要知道方法，種種導致你我袖手旁觀的力量其實都能化解。

第2章

誰該負責任？
……人類在群體中天生傾向不作為

二〇一七年四月九號在芝加哥歐海爾國際機場，一架聯合航空班機因為座位超賣，要求數名乘客下機。六十九歲的陶成德（David Dao）醫師拒絕放棄座位，隨即被強行帶離飛機。他被三名芝加哥航空局警衛在機艙走道上拖行，頭部在途中撞到座位扶手而失去意識，不止腦震盪還撞斷鼻子、掉了兩顆牙齒。機上多名乘客錄下事發經過並把影片上傳到社群媒體，這起事件於是廣傳開來。

很多耳聞此事也看過影片的人，把重點放在陶成德遭受的不當待遇。不過他們忽略了我立即注意到的一點：飛機上滿是沉默的乘客。這些乘客顯然知道發生了什麼事，因為很多人用手機錄下這一幕，之後又在社群媒體上大加撻伐。然而，事發當下只有一名女性挺身出來大喊：「你們在幹麼？」除此之外沒有人質問航警，也沒人干預這顯然失當的舉措。

某種程度上這其實不意外，無數研究已經顯示當有其他人在場時，我們比較不會出手調停：我們假定別人會做些什麼，所以自己不必行動。諷刺的是，這種傾向——亦即心理學家說的「責任分散」（diffusion of responsibility）——表示受害者會得到的幫助與事發現場人數呈負相關，心理學家稱呼這種現象為「旁觀者效應」（bystander effect）。然而，我們會在本章結尾看到這並非鐵律，有時人雖然身在群眾中，還是能突破旁觀者的角色。

旁觀者效應的由來

旁觀者束手無為的研究主題在一次事件後熱門起來：一九六四年，美國紐約皇后區的年輕女性凱蒂・吉諾維斯（Kitty Genovese），在自家公寓大樓外被殺害。《紐約時報》調查這起謀殺案後發表報導，有如在控訴都市生活之惡，顯然得證都市的剝奪人性。[1] 報導敘述了事發經過，宣稱當晚有三十八人目擊或聽到這起事件，不過沒有一人在凱蒂被攻擊的那段時間出面幫忙或報警。較晚近的研究揭露這則報導有失實之處，不過本案還是在心理學界激起一波研究熱潮，後來這種現象被歸類為旁觀者效應。[2]

吉諾維斯案激發的最早期研究之一來自紐約大學的約翰．達利（John Darley）和哥倫比亞大學的畢博．拉塔內（Bibb Latané），他們在實驗情境中模擬一樁逼真的意外，藉此分析有旁人在場會如何影響受試者的反應。[3]他們想了解的是：認為自己要為向外求援負全責，或是認為其他知情者也能求援，在這兩種情境中，人的行為會否有所不同？受試者都是大學生，被告知實驗是要檢視學生常會碰見的個人困擾，而且為了保密身分，安排每名受試者獨處一室，實驗員不會聆聽他們的對話。受試者被各自帶到附有對講機的小房間，對講機是用來與另五名受試者交談。研究人員要每個人自我介紹，一名受試者約翰（研究人員的暗樁）會提到他有癲癇的困擾，有時會被壓力誘發，並且說他如果開始口齒不清，務必要有人去求援。

研究人員接著進行實驗的關鍵步驟：有一半的受試者被告知，全體受試者都能透過對講機聽到別人的對話內容。另一半受試者則被告知，約翰的對講機有點問題，只有他們一人能聽見他，所以必須向全體受試者複述約翰的話。

你或許能猜到，對話開始幾分鐘後，約翰口齒不清起來，並且請求幫忙。

有誰伸出援手呢？首先是好消息：被告知只有他們能聽見約翰的受試者，有八十五％立即離開房間求援（令人納悶另外十五％在想什麼）。這些人顯然相信只有他們知道約翰即將癲癇發作，自覺有責任也必須採取行動。壞消息是，被告知全員都聽得見約翰的受試者，伸出援手的比例就低很多了。以為別人也聽得見約翰的受試者當中，只有三十一％在六分鐘內離開房間；他們肯定是假設別人會出手相助，覺得自己不必擔責。

達利和拉塔內的實驗設計是為了創造一個典型來模仿真實世界常態：緊急事故的旁觀者知道、身旁其他人也知情，卻不知該作何反應。兩位學者發現，如果事故只在一人眼前發生，也就是這一名旁觀者明顯知道自己該有所行動，則當事人更有可能獲得救助。如果事故在多人面前發生，人愈多，旁觀者就愈可能觀望是否有別人出手。

不過，這個劃時代研究有個更重要的發現：即使人群裡的大多數人沒有向外求援，他們也不是刻板印象中冷漠無情、無視意外的旁觀者。等實驗員在實驗結束後進入對講機房間，許多受試者都表達了對約翰的關切，詢問他是否「沒事」、「有沒有人照顧他」；他們也表現出受到刺激的生理徵兆，例如雙手顫抖與流汗。要是他們如此擔心焦慮，為何沒有做點什麼呢？

達利和拉塔內假設，沒有代為求援的受試者並非鐵了心不幫忙，更像是處於猶豫不決的狀態。置身多人情境中的受試者為了決定該怎麼辦，或許在心裡盤算過各種選項。因為他沒有行動的必要，或許開始思考不行動的理由：可能有人已經去求救了，他若插手只是添亂；或許求援是反應過度，落得自己也尷尬；還有，離開房間說不定會擾亂實驗。那些落單的受試者沒有權衡這些變項，因為他們知道只有自己一人能幫忙，責任很明顯在他們身上。

人在群眾中，伸出援手的可能性會大為降低，這個研究發現在真實世界的事故中一再重演。底下有幾個近期案例：

- 在佛羅里達州可可市（Cocoa），一群青少年眼睜睜看著一個男人溺斃池塘，沒有一人出手相救或對外求援。[4]
- 佛羅里達州立大學一名學生在豪飲波旁威士忌後不省人事，有人把他抬到沙發上，當他毫無意識地躺在那裡的同時，其他兄弟會成員在一旁繼續喝酒開趴打撞球。隔天早上被發現時他已經死亡。[5]
- 在倫敦一個人潮如織的購物街區，一名男子想扯下一名穆斯林女性的面紗，不少購物民眾目睹這個攻擊事件，卻沒有一人挺身幫忙。[6]
- 中國有一名兩歲大的女孩被汽車輾過，躺在地上血流不止超過七分鐘，其間有至少十八人直接繞過她走開。[7]

●印度有一名婦女在光天化日之下被強暴，許多人在事發當下經過現場，卻沒有做出任何行動阻止。[8]

這些案例裡，旁觀者原本都可以幫忙，也理應幫忙。

連幼童都有人多就不行動的傾向。馬克斯─普朗克演化人類學研究院（Max Planck Institute for Evolutionary Anthropology）的瑪麗亞・普勒特納（Maria Plötner）與一群同事設計了一個實驗，測試幼童是否會受旁觀者效應影響，並探究驅策他們行為的因素。[9]在這個實驗裡，他們要五歲兒童為一幅圖畫著色，實驗員接著會演出一個情境，假裝需要幫助。

兒童助人的可能性會受何影響，是責任分散還是社交因素？前者是別人可能也會幫忙，兒童自覺較無幫忙的壓力；後者則是他們不確定情況是否需要援手，或是羞於在旁人面前挺身而出。為了測試這個問題，學者設計了三種情境：（一）受試兒童獨處；（二）受試兒童與其他兩名看來也能幫忙的兒童在一起（旁觀者情境）；（三）受試兒童與兩名坐在矮牆後面、顯然無法幫忙的兒童在一起（旁觀者無用情境）。受試兒童不知道的是，研究人員事先交代另兩名代表旁觀者的兒童不要幫助實驗員。

受試兒童開始畫畫大約三十秒後，實驗員「不小心」打翻杯子，把水潑到地上，並且明顯表現出懊惱，喊著「唉呀」又呻吟抱怨，向擺在地上的紙巾打手勢——受試兒童也看得到在實驗員伸手範圍外的紙巾。實驗員接著測量受試兒童如果有所行動，要過多久才會過來幫她擦地板。

研究人員發現，比起與兩名能幫忙的旁觀兒童同組，跟實驗員獨處的兒童更可能幫忙，比率不止高出許多，反應也快很多。這是我們請成人做旁觀者介入實驗時一貫會有的發現。不過第三組的情況如何，也就是兒童與無法幫忙的人同在？這一組受試兒童出手幫忙的速度，與獨處的兒童一樣快。

為了理解是什麼動力發揮作用，一名研究員在實驗結束後很快與每名受試兒童聊了一下，問他們：實驗員是不是真的需要幫忙？誰應該幫忙？他們又怎麼知道誰該幫忙？還有，他們是否知道該怎麼幫實驗員？

在全部設計情境中，大多數兒童都領悟到實驗員需要幫助。不過這些兒童自覺該提供協助的程度則有差異：獨處組與旁觀者無力幫忙組的兒童有五十三%表示自己應該幫忙，至於旁觀者可能幫忙的那一組，自覺該幫忙的兒童只有十二%。至於兒童是否知道該怎麼幫忙，學者也從陳述中看到差異。在旁觀同伴可能幫忙的那一組裡，將近一半（四十七%）的受試兒童說他們不知如何幫忙，相較之下，獨處組說不知道的比率只有十％，旁觀者無力幫忙組的比率則是零。有鑑於實驗員需要的幫助相當簡單明瞭，把紙巾遞過去就好，表示不知如何幫忙的兒童可能是想為自己的沒反應提出解釋，不論是對研究人員或是對自己。即使這些兒童只有五歲，我們還是能看到他們心知或許該幫忙，也努力想為自己的行為找正當理由。

普勒特納結論道：「只有當責任明顯落在身上，才有很高比例的受試兒童出手幫忙。研究顯示，這年紀的兒童在決定是否幫忙時，已經會把責任歸屬納入考量。」[10]不過，當其他或能幫忙的人也在場，受試兒童就很樂意坐等別人出手。由此可見，兒童只要自覺有責任，也能顯現樂於幫忙的天性。

撫育多名子女的父母都知道，有其他可能幫忙的人在場，孩子就會認為自己不必擔那個責任。如果手足不在，每個孩子幫忙的程度就會大增。說到底，如果你的兄弟能幫忙掃起碎玻璃杯，你又何必麻煩？

三個和尚沒水喝

即使事故至關危急，我們處在人群中仍傾向不作為，這與人類另一個更普遍的天性有關：行動（或是不行動）如果會顯得較不起眼，我們就會減少出力。當我們的努力會與旁人結合，我們就會降低自身貢獻，這種傾向叫做「社會閒賦」（social loafing）。[11]

不論是課堂、職場或政壇，社會閒賦可見於多種場合。這說明了為何有那麼多大學生痛恨團體作業：他們害怕自己將被迫攬下全責，只有苦勞沒有功勞，其他組員卻在一旁打混。這也解釋了餐廳為何會對一桌六人以上的客人強制收取定額小費。如果讓他們自行決定，一大群客人裡的每個人會傾向付極少的小費，因為他們假設自己付多少也不會有人注意，反正同伴會多出一點來補好補滿。[12]換句話說，社會閒賦有部分成因是我們自以為能隱沒人群，擺爛也不會被發現。

社會閒賦特別容易發生在個人的付出難以分辨或估量時，例如普渡大學的研究人員發現，在大學接力游泳隊中，比起只宣布全隊成績，若也宣布個人成績，隊員便會游得比較快。[13]同樣地，如果我們要人「盡全力」大聲鼓掌或叫好，他們在人群中（此時不盡力也不明顯）的表現會比獨自一人時差得多了。[14]這種懈怠的表現不限於體能行為：受試者光是先想像自己身處人群，之後承諾捐助慈善團體的金額，就會少於想像自己獨處的受試者。[15]社會閒賦也解釋了為何選舉投票率這麼低，即使民眾有強烈的政治觀點也一樣。

我目前舉的例子大抵無傷大雅，然而認定別人會收拾殘局的傾向，可能在工作場合造成嚴重後果。柏林工業大學（Berlin Institute of Technology）做過一項研究，要求受試者監控並交叉檢驗一座化工廠的自動化系統，確保其正常運作。[16]常見的假設是，讓多人監控同一部機器會增加抓出問題的機會——多一雙眼睛不是比較好嗎？不過這種「三個臭皮匠勝過一個諸葛亮」的理論忽略了基礎研究的結果：人類在團體作業中較容易鬆懈。

這項監控研究證實這個事實。研究結果發現，比起單獨工作的人，與一名伙伴合作的受試者不論檢查次數或揪出的自動化失誤都比較少。獨自監控機器的受試者抓出九十％的失誤，而兩人同組的受試者只查出大約六十六％。團隊合作的表現顯然遠遜於獨力工作。

不過，社會閒賦的研究至此尚未檢視一個重要問題：為什麼人在群體中會選擇減少出力？一個可能原因是他們認為懈怠有正當理由，有些人或許覺得少出小費很合理，因為同桌的其他人點了較貴的菜，或比較有錢；另一個可能是，在群體中的人自覺比較不能掌控結果，這種缺乏控制感導致他們鬆懈。

為了測試這個缺乏控制感的理論，倫敦大學學院的研究人員邀來一批受試者，請他們單獨或成雙地進行一項略具挑戰性的任務。[17]受試者在實驗之初會得到一些點數，實驗結束時能兌換酬金。這個實驗在電腦的虛擬情境中進行，受試者要負責防止一枚彈珠從傾斜的槓子滾落地面。他們可以隨時按鈕止住彈珠，不過彈珠在槓子上滾得愈久，扣分愈少——這會使人想晚點出手阻止，但如果彈珠滾到地上，就會被扣很多分。當受試者以為有同組搭檔（實際上是電腦程式），若受試者停下彈珠，自己會被扣分，而搭檔停下彈珠，是搭檔被扣分，受試者不會。所以說，這個實驗設計使得受試者是單獨或團體合作的盤算有所不同。獨力作業的受試者只要決定自己願意承受多少風險，有搭檔的受試者必須將對方願意承受的風險也納入考量。

研究人員要評估受試者行為的三種不同面向：受試者是否會止住彈珠，又是在何時；受試者自覺對結果的控制程度；他們的腦部有何反應。研究人員使用腦波儀測量受試者的事件相關電位（一種腦波），意在了解這種電位的一個特定部分：回饋相關負波（feedback-related negativity，FRN）。回饋相關負波的強弱已證明能預測人對個人行動結果自覺有多少控制。人進行團體任務時，回饋相關負波比獨力作業時來得弱，大概是因為跟別人合作時，覺得自己較無力控制結果。[18]他人參與任務的程度愈高，受試者的回饋相關負波愈弱。這個彈珠實驗也測量了受試者每次得知自己被扣幾分、面對個人選擇結果時的回饋相關負波。

研究人員分析實驗結果，發現平均而言，受試者有搭檔時都會比獨自操作更晚才停下彈珠，這很合理：如果是搭檔出手止住彈珠，受試者不會被扣分，他們比較樂意觀望到最後一刻，看搭檔是否會先出手。與人搭檔的受試者也表示，他們覺得自己對結果的控制力小得多。這個發現也很合理：獨自玩遊戲的人能全權掌控彈珠何時停下，有搭檔的人得考慮對方的出手時機。

透過神經活動分析，合作會降低個人掌控感的假設獲得更多支持證據。與人同組的回饋相關負波比獨力作業來得微弱，跟先前的研究結果一致。這個實驗設計如同真實生活中的許多旁觀者情境，受試者即使仍可隨時選擇是否行動，但在有伙伴時會自覺控制感較低。

這個研究對於拓展早先的責任分散研究有卓著貢獻。不論在主觀（自我評估掌控感）或客觀（腦波圖資料）層面，都證明了人與伙伴同工時傾向用不同方式思考行動後果，對後果的感受亦有所差異。比起獨自作業，與另一人合作、在決定行動與否時，對個人行為結果的責任感會降低。

當我們與人同工，此時對個人行動與其結果的掌控感似乎雙雙降低，從而減輕了必須採取行動的迫切感。

克服旁觀者效應

目前為止，我提到的研究都在協助解釋人類在群體中傾向不作為的天性（尤其當其他人也束手無為時），但這種不作為並非無可避免，幸好我們偶爾還是能克服這種天性。了解有助於克服旁觀者效應的因素，或許能促使我們在旁人沒動靜時挺身而出——尤其是挑戰艱鉅的時候。

訣竅一：公眾自我意識

雖然群體會促使大多數人出現社會閒賦行為，要是知道有人在看著我們，就比較不會鬆懈。我們都喜歡自認是好人、行事大抵符合道德正義，一旦知道有人在估量我們的行為，當好人的慾望又會更強烈。荷蘭阿姆斯特丹大學（University of Amsterdam）馬可・范博梅爾（Marco van Bommel）的研究顯示，即便是細微的提示，只要能增強公眾自我意識（public self-awareness），就能減弱在群體中鬆懈的天性。有多種方式可以增加這種自我意識。

在一項實驗中，研究人員設立一個線上聊天室，告訴受試者這是在研究網路溝通。[19]受試學生登入後，看到了他們以為是其他使用者貼的訊息，內容都很沮喪憂傷：有一則訊息表示有自殺念頭，另一則說自己有厭食症，還有一則說他的伴侶得了癌症。受試者能回應表達情感支持，不過他們也被告知，要不要回應完全取決於他們自己。

在這項研究的第一版實驗中，每個人都能在螢幕上看到所有使用者的姓名，皆以黑字呈現；有些受試者看到另有三十人也在聊天室，部分則只看到自己一人。如同早先的責任分散研究會有的預測，受試者若以為只有自己在聊天室就比較會回訊息，覺得有很多人也登入時則沒那麼積極。

在第二版實驗中，學者刻意增強公眾自我意識的感受，將受試者姓名以紅色標出，其他人則維持原本的黑色。光是這個簡單更動就翻轉了慣常的研究發現：突然間，在多人聊天室裡的受試者比獨自一人更勤於回訊息。

這看似微小的改變為何差別這麼大？基本上，如果我們高度自覺群體的其他人知道我們的身分，自然就不想別人覺得我們是混帳、竟然不回應需要幫助的人。若我們認為不出力有損個人形象，原本使我們在群體中懈怠的心理因素（不想傻傻包辦全組作業或為同桌的吝嗇鬼多出小費），這下反而促使我們幫更多忙。

學者又重複這個實驗，用另一種手法強化公眾自我意識。這一回，在實驗開始時，他們請一半的受試者確認視訊攝影機的指示燈亮著，其實攝影機要到第二階段才會用上；另一半受試者則完全沒被告知這件事。不知情的受試者，在人多的聊天室裡就不太會回訊息。至於那些先確認過攝影機、公共自我意識被增強的人，在人多的聊天室裡會更有回應。

這個實驗提供了寶貴資訊，不僅讓我們取得旁觀者效應的成因，更讓我們知道要如何克服這種影響。人多時，我們常覺得能隱身群眾，不必多費力氣挺身而出，因為沒人會留意到我們袖手旁觀。不過，當意識到有人會注意我們的行動（或毫無行動）時，為了留下好印象就會趕緊協助。其實，比起跟少數幾個朋友一起，如果是跟一大群朋友同在，人在遇有事故時較會伸出援手。[20]原因或許很簡單：我們想在朋友面前充面子。

所以說，置身人群未必會妨礙我們提供協助，只在人群能做為掩護、讓我們匿名時才會如此。畢竟我們在乎社會聲譽，如果自身所處的群體知道我們的身分，那麼人多將比人少時更有可能促使我們幫忙。

說到校園或職場中的團體行為，這個洞察尤有助益，在這些場合人很容易被朋友與同事圍繞。學生與同事其實能自發地合作行動，至少在他們幫忙阻止的對象不是同社群成員時是如此（我們會在第五章討論社群成員的影響）。

訣竅二：捨我其誰的責任感

另一個影響社會閒賦的因素，取決於你是否相信自己的努力能帶來改變。[21]你的行動是否不可或缺？如果請人進行一項困難的任務，而他們自信能做得比別人好，通常就不會懈怠，即使未評估個人成績也無妨。在這種情況下，他們自覺能為團體的成功做出獨特且重要的貢獻。研究人員也發現，比起只有成人在場，有兒童（理論上無力幫忙）在場時會使人更快為事故出手援助，[22]即使不認識那些兒童、不做好榜樣也沒關係。

這也能夠解釋為何受過專業訓練的人在事故中較會挺身而出——他們不受一般的責任分散

效應影響。事實上，舉凡醫生、護士、軍人、義消，這些受過專業訓練的人自覺更有責任採取行動，通常也真會出手。

在一項研究中，研究人員從護理系與教育系各徵來一批學生，聲稱要請他們參加一個簡單的問卷調查實驗。[23]一半的學生獨自在房間裡填問卷，另一半則與一名學生（研究人員的暗樁）同處一室。正當他們振筆疾書時，門外傳來一名男性摔下樓梯、痛得大叫的聲音。教育系學生若是獨自一人，會比有伴時更容易出去幫忙。這完全符合早先的責任分散實驗對群體情境的預測。而護理系學生不管有沒有伴，出去幫忙的比率相當。這不代表護理系學生比較善良，雖然有時或許如此，這個結果反應出他們知道該採取何種措施，自覺應該行動。

除了擁有專業技能，身負領導職權也會提高責任感。在一個心理學實驗中，受試者被隨機分派擔任組長，這些組長在某個組員看似嗆到時會比其他組員更常伸出援手。[24]隨機分派的領導身分降低了人群中常見的責任分散效應。

在某些案例中，儘管有專業知識的人並非掌權者，還是有可能負起責任。我念大四時，有一天在四樓教室上課，突然整棟樓開始前後搖晃。那是北加州一九八九年發生的洛馬普列塔（Loma Prieta）地震。學生全都指望現場的權威發號施令，也就是教授。

不過教授的反應出乎預料，她抓住講台邊緣大叫：「我是紐約人！」她顯然不知如何是好。另一名學生隨即大喊「我是加州人」，確立了他在這場緊急事件中的威信，然後指示：「快躲到桌子底下！」

訣竅三：人際連結

二〇一九年一月，十三歲的非裔冰上曲棍球員狄凡·阿波倫（Diyyne Apollon）到馬里蘭州打巡迴賽，對方隊伍在比賽進行中頻頻以種族歧視言行攻訐他，有人模仿猴子叫，還有人叫他滾出冰場、去打籃球，至少一人喊出「黑鬼」這字眼。從教練、裁判到家長，在場所有大人都未加干涉，反倒是狄凡的隊友出面了，在第三局比賽結束時也向對手喊回去，結果雙方爆發群架。狄凡的隊友全是白人，那些種族歧視的辱罵譏笑並非針對他們，他們還是在冰場上捍衛狄凡；隊友情誼超越了旁觀者效應。

自覺與落難者有連結，究竟是如何協助我們克服保持沉默的天性？根據「自我歸類理論」（self-categorization theory），人的自我認同與社群認同是連貫的，不論性別、種族、國家、學校、運動隊伍或職業皆然。[25]這種共享認同（shared identity）使我們更容易出手幫忙，即使身處通常令人躊躇的群眾之中也是如此。我們對同社群的成員較有強烈的連結感，這麼一來，袖手旁觀的感覺就比較不舒服：同胞遇難，你我伸援。

馬克・李文（Mark Livine）與同事的研究顯示，即使只有很粗淺的共享認同（例如都是某支運動隊伍的粉絲），也能增加幫忙的意願。[26]在一個實驗中，李文團隊募來一批全為男性的曼聯足球隊迷，聲稱要請他們參加賽事群眾行為的研究。受試者先填完一份簡短的問卷，調查對心儀球隊的支持概況，然後研究人員請他們去另一棟大樓觀看一段影片。

當受試者走出戶外，步向另一棟大樓時，意外在他們面前上演：有人滑跤跌到草地上，痛得抓住腳踝大叫。這名摔跤的苦主會輪流穿三件不同上衣：曼聯球衣、利物浦隊球衣（曼聯的對頭），或是毫無球隊象徵的素色上衣。你猜得到受試者最可能幫誰嗎？

如果苦主穿著曼聯球衣，這些曼聯球迷幫他的比率高出很多，超過九十％會停下來伸出援手；如果傷者穿著利物浦球衣，比率只有三十％；穿素色上衣獲得幫助的比率是三十三％。除了這項研究，同一群論文作者的其他研究也證明，即使是看似淺薄的共享認同（如中學同校或支持同一支隊伍），都能使助人行為大為改觀。[27]

就連面對暴力情境，插手的代價明顯大增時，共享認同感都能促使人出面調停。有學者以沉浸式虛擬體驗技術做過研究（為顧及學術倫理，想研究危險情境的旁觀者效應，這是唯一可行的方式），結果發現，如果身陷險境的是同隊球迷，受試者更傾向插手或阻止暴力事件。[28]

所以說，如果我們自覺跟陷入麻煩的人有連結，會較容易克服在群眾中袖手旁觀的人類天性。這也能解釋冰上曲棍球小球員們為何沒有保持緘默，而是挺身反擊隊友遭受的種族歧視攻訐。共享認同感使他們自覺必須做點什麼，這事件最終引發一場對抗體壇種族歧視的地方社運。

這當然也有助於解釋凱蒂．吉諾維斯之死的真實經過。新聞報導指稱事發當下有數十人目擊，卻無人採取行動，但調查後揭露，其實當下至少有兩人報警，還有一名女性做得更多。蘇菲．法拉（Sophie Farrar）是凱蒂的朋友，凱蒂的一位鄰居打電話告訴她這起攻擊事件，蘇菲馬上報警，並且趕到凱蒂身邊，即使時值半夜，加上她無從得知前往現場是否會自入險境。[29] 救護車抵達時，蘇菲正握著凱蒂的手臂。

蘇菲或許曾掛懷自身安危，不過凱蒂無疑需要幫助。假若情況並非如此明確，就比較難決定要不要介入。如同你會在下一章讀到，如果我們不確定究竟發生了什麼事，採取行動便格外困難。

第3章

模稜兩可之惡

解讀情勢與害怕誤判的顧慮

一九九三年二月在英格蘭利物浦，兩名十歲男孩從一家購物中心綁走幼兒傑米．巴傑爾（Jamie Bulger），三人一起走了四公里遠；傑米的額頭撞腫了，一路都在哭泣。過程中雖有三十多人目擊，大半只是袖手旁觀，其中曾有兩人趨前詢問兩個大男孩，但男孩不是聲稱傑米是他們的弟弟，不然就說傑米走失了，他們要帶他去警察局。沒有任何一人報警。

他們把傑米帶到鐵軌旁的隱蔽處毆打致死，傑米的屍體在兩天後被發現。

這場悲劇闡明了我們人生總會遇到一種基本難題。有時我們注意到「有什麼事」不對勁，卻說不出究竟是看見或聽到了什麼。辦公室裡那句評語只是無傷大雅的笑話，還是種族歧視的攻訐？那場爭執只是小吵小鬧，還是嚴重家暴？泳池裡有人潑得水花四濺，他是真有麻煩還是在玩鬧？這類模稜兩可的情境，提高了旁人挺身而出、採取行動的難度。

在本章中我將說明，難以判定的事件加上倚賴他人行為來解讀情境的傾向，常導致我們無所反應，身在人群中更是如此，這有時會帶來悲劇。我也將回顧神經科學近年的發展，從中可見這類不作為也能從腦部活動模式偵測得到。

狀況不明導致袖手旁觀

我念大學時的某年夏天在亞特蘭大市中心打工，有天晚上下班後，我跟室友一起走回家，結果看到一個男人昏倒在我們公寓大樓前的階梯上。由於擔心他的安危，我們打了九一一。救護車在幾分鐘後抵達，司機和護理人員來到男子身邊，卻大笑出聲。原來這人是社區裡出名的酒鬼，只是在豪飲一晚後睡著罷了。我們倆有什麼感覺呢？自然是覺得很糗、好傻好天真。

從這次經驗可以看到，要在不確定的情境中挺身而出，得面對怎樣的心理挑戰。當我們不清楚出了何事，想採取正確行動就棘手了。擔心別人批評我們愚蠢或反應過度，因而克制行動，心理學家稱這種現象「評價顧慮」（evaluation apprehension）。人群愈大，我們愈擔心造成負面印象，畢竟這表示更多人會見證我們出醜，這種狀況叫做「觀眾抑制」（audience inhibition）。

試想你在公開場合看到一對伴侶高聲吵架，似乎快升級為肢體衝突。你可能會想：「或許我該做點什麼。」但也可能覺得不該介入別人的私事。賓州州立大學R・藍斯・肖特蘭（R. Lance Shotland）和瑪格麗特・K・史卓（Margret K. Straw）的實驗就精準呈現了這種權衡互動。[1]受試者先在等待室裡填寫調查問卷，此時研究人員讓一對男女（其實是戲劇系演員）在他面前上演吵架。首先，關起的門外傳來高聲爭執，男生指控女生撿起的一美元是他掉的。這對男女接著走進等待室，男生開始大力搖晃女生，女生則掙扎尖叫：「放手！」在第一個設計情境裡，她除了大叫還會加一句「我不認識你」；另一個情境裡則是加上「真不知道我當初為什麼嫁給你」。這對男女繼續糾纏四十五秒，一名研究人員抵達現場，若受試者此時還沒介入，研究人員會把這兩人分開。研究人員會記下受試者的一舉一動，不論是報警、對男生大喊住手，或直接動手調停。

在這個實驗中，受試者永遠是唯一的旁觀者，所以誰有責任介入毫無疑問。只不過，受試者介入的比率會隨這對男女的關係有顯著差異。如果他們覺得那兩人不相識，阻止男生攻擊女生的比率是六十五％。然而，一旦判定眼前是夫妻爭執，只有十九％的人會介入。這樣的差異原因為何？對許多人來說，陌生人間的衝突若會升級成暴力事件，插手調停似乎理所當然，但介入家務事就可能使在場的各方尷尬了。

這種顧慮別人怎麼看的心態，連兒童也不例外，但根據心理學家艾文．史陶布（Ervin Staub）的研究，這種心態的影響隨年紀有別。他設計了一個實驗情境，讓受試兒童聽見另一名兒童發出不舒服的聲音。此時幼童（幼稚園到二年級）如果與另一名旁觀兒童同在，會比獨處時更可能幫助那個不舒服的孩子。[2]換成大一點的孩子（四年級與六年級），獨處或有伴的效應則相反：有另一名同伴旁觀，比獨處時更不會出手幫忙。史陶布推測，幼童或許不介意在同伴面前行動，但年齡大的孩子可能更顧慮同儕評判，擔心反應過度會出糗。史陶布指出：「比起幼童，年齡大的兒童似乎較少討論有人聽起來很難過，也比較沒有直率的反應。」換句話說，大孩子是刻意在同儕面前裝酷。

社會心理學家發現，人在沒有評價壓力時較樂意行動，相應的結果之一是，對於不明確的事件，人們在狀況明顯危急的情境中更有高度可能行動。[3]在一項實驗中，研究人員創造了一起模糊的事件（受試者聽到另一個房間傳來撞擊巨響），以及一樁明顯的事故（在撞擊巨響後有人痛苦地呻吟）。[4]每個聽到撞擊與呻吟的受試者都去幫忙了，只聽到撞擊的受試者則較少幫忙，但他們獨處時幫忙的比率會比他人同在時更高。

現實世界的某些現象乍看令人困惑，不過以上研究結果點出了箇中道理。在某些類型的緊急事故中，人絕對會挺身協助，這與老生常談恰好相反。我們在第二章已看過，在某些情境下，置身人群中會主動想幫忙（例如自覺比較有責任）。還有一種情境也有相同效果，那就是切實無疑的緊急事故。

二〇〇五年七月七號的晨間巔峰時段，一群自殺炸彈客對倫敦大眾交通系統發動連鎖攻擊，造成五十二人死亡、數百人受傷。這顯然是嚴重事故，協助受害者的人也有受傷之虞，然而目擊證人的陳述不斷提到有人幫忙急救、安慰陌生人。[5]一名生還者述說她在地鐵站的經歷：「有些人扶我起來，有個女人過來問我還好嗎，在我們一起走過月台時還握著我的手。然後我搭電梯到車站地面層，坐在那裡不知有多久，那個超好心的女人又過來坐在我旁邊，拿她的外套披在我身上，像是在照顧我。」[6]

彼此全然陌生的人自發地表露互助之情，類似的記述也可見於二〇一三年波士頓馬拉松攻擊事件、二〇一三年肯亞奈洛比西門商場（Westgate Mall）大規模槍擊事件，以及二〇一七年的巴塞隆納恐攻。

雖然我們天性傾向不作為，不過在這些案例中，民眾為何又冒生命危險幫助完全不認識的對象？一旦炸彈爆炸或槍擊開始，情勢緊急顯然立判無疑，毫無模糊地帶，這表示出醜或過度反應而丟臉的疑慮大幅降低。實證研究也顯示，在極可能造成危害的情境中，不論獨自旁觀或是置身人群，人出手幫忙的機會相當。[7]

近年的跨文化研究結果就有這類案例的紀錄。一個研究團隊檢視了兩百一十九起公開爭執事件的閉路電視影像，從口頭爭執到肢體衝突都有，地點分別在荷蘭阿姆斯特丹、英國蘭卡斯特與南非開普敦。[8]研究人員回顧每場爭執的保全攝影機錄影，並且記下目擊者的行為。在九十一％的案例中，至少有一名目擊者以某種方式介入，例如比手勢要攻擊者冷靜，以身體阻擋或拉開攻擊者，或是安慰、協助受害人（目擊者插手的比率在三個城市沒有統計上的顯著差異）。旁觀者愈多，受害人愈有可能獲得援手。所以確實有人在緊急情況中挺身幫忙，但並非所有人都這麼做。

包括心理學、社會學、人類學與犯罪學在內，各領域研究人員得意地宣布，他們證明了世上沒有什麼旁觀者效應。他們說，心理學界聲稱人群中的旁觀者冷漠無情，這種老生常談禁不起檢驗。但別忘了，這些研究人員檢視的是一種很特定的行為——民眾插手阻止公開爭執。我們之前已經看到，危急狀況確實容易促發更多助人行為。一項統合分析研究也證實，旁觀者在某些情境中較會採取行動，包括涉及人身安全而非社交風險的危險事故。[9]

可惜的是，許多情境缺乏能激發行動的清晰特質。試問，那名喝醉的大學生是自願進入該男生的宿舍房間，又或許有可能是性侵？那位家長是正當管教還是虐待兒童？同樣地，我們也很難分辨某則笑話或評語有沒有冒犯到人。不當評論表面可能很正向，例如「亞洲人天生擅長數學」，或是「那件連身裙很凸顯你的美腿」。[10]即使領略到某句話有問題，我們也常自問這是否傷人到值得回應。不論在職場、校園或公共場合，人聽到冒犯評論時通常會保持沉默，因為實在無法肯定那句話有多嚴重，或不確定如何反應。

裝酷的害處

我們面對模糊情境時，天生傾向參考其他人的反應以查明狀況。別人的行為可說明其想法與感受，這能用來指引我們後續的反應。但這裡有個問題：如果每個人都求教別人，或許就沒人知道實情了。

一九六八年，紐約大學的達利與哥倫比亞大學的拉塔內做了一個知名實驗，研究旁人的反應如何影響我們解讀情境。他們找學生來實驗室填寫簡單的問卷，[11]有些人獨處一室，一些則與另兩名受試者一起填寫；那兩人其實是暗樁，被交代不要對即將發生的狀況做任何反應。學生開始填問卷的幾分鐘後，煙霧慢慢湧進房間。兩位學者想知道在這明顯緊急的情況下受試者做何反應。

達利與拉塔內發現，獨處的受試者有七十五％會趕緊查看煙霧來源，接著離開房間向實驗人員報告這件事。不過，當他們並非獨自一人，只有十％的學生會在六分鐘內起身求援。這可不是一陣若有似無的煙——等研究人員在第六分鐘終止實驗時，煙會濃到學生必須揮手搧散才能讀問卷，但他們還是堅持不懈地寫問卷。原因何在？

研究人員問沒反應的學生有否注意到煙霧，他們立即承認有，並且各提出不同解釋；有人以為那是空調，另一人認為是「蒸氣」，還有兩個人猜那是「吐真氣」。但房裡其他人毫無反應，使得受試者認為這陣煙無關緊要。

這個實驗確立了社會心理學的一個經典原理：人獨處時會立即辨識出緊急狀況並採取適當行動，但在人人皆無反應的群眾中就不會了。我們所處的人群如果沒人有動靜，大多數人也不會有任何作為。

反之，只要有一人對狀況有反應，其他人有樣學樣的情形就會大增。在一項實驗中，男學生獨自在房間裡填寫問卷，但能從玻璃隔板看到隔壁的另一人（其實是實驗人員的暗樁）。[12]受試者在填問卷時會聽見女人尖叫跟物品掉落的聲音。比起暗樁毫無反應，暗樁要是顯得不安與擔憂，受試者起身探究的比率會大幅提高。在另一個類似實驗中，史陶布發現，如果暗樁認為起初聽來意義不明的聲音代表發生了意外，並且請受試者出去求援，每一名受試者都會照辦。[13]這兩項研究都證明，在不明確的情境中，我們往往是藉由旁人反應來評估情形並決定自己的反應。

群體中的人會根據旁人行為決定做法，這也強化了在模糊情境中不作為的傾向。如果每個人都想依旁人反應來決定舉措，而且沒人想當那個反應過度者（並冒險覺得愚蠢尷尬），於是落難的苦主可能完全等不到援手。群眾或許會一致認為：別人沒反應，代表沒有緊急狀況。換句話說，不作為會孕育不作為。每個人或許暗想確實有事故發生，表面卻擺出不以為意的模樣。

群體中的多數人都暗忖某種想法，卻誤以為其他多數人不這麼認為，這叫做「人眾無知」

（pluralistic ignorance）。人眾無知有時會導致人面臨生死關頭仍不行動，例如聽到火災警報器響起卻沒反應，因為別人似乎都不當一回事。這在日常生活也很常見。比方說，學生或員工聽到性別歧視、種族歧視或恐同言論，通常都會先看別人的反應再決定自己怎麼做。若是其他人似乎不覺困擾，他們就會推論（或許是錯誤地推論）朋友或同事贊同這種說話方式，但有可能其實大家都覺得那種話很刺耳。

人眾無知可以解釋這種誤會：我們與他人想法不一的程度，實際上並沒我們想像中那麼嚴重。在一項實驗中，研究人員讓男大學生聽一些性別歧視的言論，請他們回報自己對這些說法感到的自在程度，以及認為其他男學生對同樣言論可能會有的自在程度。[14]這是其中一例：「你跟一些男生朋友走在校園步道上，有個陌生女人從你們身旁經過。等你們走遠後，其中一個朋友說：『我想把她折彎立刻上了她。』」這些大學生回報的個人不適感，比他們認為其他男性會有的不適感強烈很多。研究人員讓男性受試者與幾個朋友同處一室，問了相同問題，請他們比較個人感受與朋友（而非一般男性）會有的感受，也是相同結果。研究人員結論道：「彼此認識的人預測對方態度的準確度，並未比預測相對陌生的對象來得更高。」

了解常見的誤判

為什麼我們會一貫地誤解別人的想法與感受？原因之一是某些行為更顯眼。有人被霸凌時，更快引起注意的是那些附和大笑的學生，而非默默觀看、私下為此而膽寒的其他眾人。

強納森・哈伯斯勒班（Jonathon Halbesleben）曾做過一項實驗，目的是檢視人看到他人對冒犯行為表示讚許（例如聽到性別歧視笑話時大笑）時，是否認為其他沒反應的人比自己更覺得無傷大雅。[15]研究人員請大學生讀一些性別歧視笑話，接著詢問他們：（一）他們的自在程度以及笑話的好笑程度；（二）覺得同儕會有怎樣的自在程度，又會覺得這些笑話有多好笑。

不出哈伯斯勒班所料，學生一致認為別人比自己更接受這些笑話，也比自己更覺得好笑。當然，如果受試學生與他人同處一室，在評價笑話時也聽到此起彼落的笑聲，這種對自我與他者的認知落差會更突顯。雖然結果已經很明確，還是要指出：行動比不行動更顯眼，笑聲會比沉默更令人印象深刻。

我們傾向相信別人的行為反映出真實想法與感受，即使知道自身的行為並非如此。因此，如果別人的舉止不像在面對意外，就會以為他們定是真心認為沒有意外。

你一定聽過國王的新衣這則寓言：兩名織工答應為國王縫製一襲出色的新衣，只有聰明的人才看得到。當國王穿著「新衣」遊街，全城的人都看到他赤身裸體，卻沒人想率先點破，以免證實自己愚蠢。最後是一個不怕丟臉的小男孩大喊：「國王沒有穿衣服！」

這則故事是個絕佳例子，讓我們看到人即使自知言行與想法不一，卻認為別人表裡如一。回想一下，在課堂或工作會報時，教授或報告者問大家：「有沒有問題？」或許你確實有問題（還好幾個），卻選擇不舉手；或許當你環顧全室，你只看到零星幾個人舉手。如果我問你為何不舉手，你可能回答不想在同儕面前顯得愚蠢。但我再追問你為什麼其他人不舉手時，你的回答很可能大不相同：因為他們聽懂了，所以沒問題要問。這是人眾無知的經典範例。人不想舉手是怕丟臉，卻覺得別人不舉手是因為沒有疑問。

普林斯頓大學的戴爾．米勒（Dale Miller）和西門菲沙大學（Simon Fraser University）的凱西．麥法蘭（Cathy McFarland）做了個實驗來檢驗這個課題。[16] 他們請受試者分成三到八人的小組讀一篇文章，為後續討論做準備；該文章刻意寫得令人困惑，幾乎不可能讀懂。受試學生也被告知，如果對文章有任何疑義，可以去實驗人員的辦公室詢問。文章讀完要填寫一份問卷，主要是詢問對文章的理解程度，以及他們覺得其他學生的理解程度如何。每位受試者都沒有詢問實驗人員任何問題，並且都認為其他學生比自己更了解那篇文章。兩位學者的結論是，受試者自己不提問是害怕出糗，但認為其他學生不提問是因為理解較佳。

這種對個人與他人行為動機（即使行為相同）的誤判可見於多種情境。我們或許會認為，自己怯於對可能的感情對象示意是害怕被拒絕，而對方沒表示卻覺得他是興趣缺缺。[17]同樣地，白人與黑人都表示想與其他族裔多多接觸，卻又認為對方會不感興趣。[18]我們再次看到，各社群的成員都認為自己不行動是害怕被拒，別人沒伸出友誼之手則是不感興趣（我們會在第五章看到，當我們想融入一個受尊崇的社群，人眾無知的現象特別常見）。

有時候，社交尷尬與害怕排擠會削弱我們的行動能力，這個發現也能解釋為何當克制因素減少，人較願意對緊急狀況作出回應。我們會看到，不太在乎合群的人更可能插手幫忙，當然也會檢視如何培養這種傾向。不過，現在我們先來思考社交尷尬對於行動會產生什麼影響。

荷蘭的研究人員設計了一項實驗，測試因飲酒而降低社會抑制（social inhibition）的人是否會更快伸出援手。[19]他們去阿姆斯特丹的酒吧，請在現場喝酒的人參與一個簡短的實驗。研究人員請受試者到酒吧另一頭跟他們會合，其中一名研究人員故意失手把東西掉在地上。他們測量受試者要等多久才會幫忙撿東西，並且設計了兩種情境：受試者獨自一人，或是受試者有兩名研究人員的暗樁為伴。

如果受試者較清醒，比起獨自一人，在有同伴時會等較久才伸出援手，與我們的預期不謀而合。不過，已有幾杯黃湯下肚的人就不同了，在有旁觀同伴時會比獨自一人更快幫忙。研究人員推斷，酒精降低了自我克制，減輕了當著旁人面幫忙可能帶來社交後果的掛慮。

在人群中採取行動的神經科學

人在群眾中面臨事故會比較不願行動，對這種旁觀者效應的解釋通常聚焦於背後的認知處理過程。我們不幫忙的原因或許是自覺沒責任，又或許是怕情況其實不迫切而害自己出糗，也可能是認為其他人覺得那並非意外。這些解釋都是關於人的想法與感受，以及對情境性質的解讀判斷。

不過，有些學者提出假設：看到別人身陷困境，應該會自動激發我們助人的慾望。這是史蒂芬妮．沛司頓（Stephanie Preston）與法蘭斯．德瓦爾（Frans de Waal）發想的「感知－行動模型」（perception-action model）：看到需要協助的對象，會活化人腦負責採取行動的部位。[20]

有項研究也支持這個理論：面對令人情緒不快的情境，腦部預備採取行動的部位（例如運動皮質）確實有活化反應。[21]有沒有可能，當我們目擊緊急狀況，光是有其他人在場就會降低這種神經自動反應呢？

為了檢視這個問題，荷蘭蒂爾堡大學（Tilburg University）的認知與情感神經科學實驗室主任畢翠絲・德蓋爾德（Beatrice de Gelder）做過研究，探討意外的旁觀者人數如何影響腦部活動模式。在一項實驗中，她與同事讓受試者觀看影片，內容演出現實中的意外情境，並用功能性磁振造影儀測量受試者的腦部活動。[22]日常生活中，我們在危機發生當下通常正在忙別的事情，所以研究人員請受試者躺進儀器後看著三個點，並且打訊號告知這些點的顏色是否相同。接著，研究人員在色點背後播放影片，不過他們並未告知受試者影片的事。影片內容是一個女人跌倒在地，不過有些受試者是看到她獨自一人，另一些受試者則會看到一個、兩個或四個人在她跌倒後經過她身邊。

這項實驗揭示了兩個重要結果。首先，影片中的意外目擊者越多，受試者處理視覺與注意力的腦區（枕上回、舌回、楔狀核、顳中回）就變得愈活躍，代表受試者在密切注意目擊者的舉動。這大概是因為別人的行動或反應會幫他們解讀情境：那個女人是昏倒了，或只是滑跤？

她真的受傷了嗎？不過與此同時，目擊人數增加，預備我們採取行動的腦區（運動與體覺皮質）活躍程度會隨之降低。

所以當我們看到別人有難時會傾向自發的幫忙，只是人群似乎會在神經層級降低這種反應。當我們獨自一人，大腦會自動預備我們出手干預。在這個情境中要做的權衡很簡單：有人需要幫助，而他是否獲助全取決於我。一旦有別人在場，我們的大腦就改去注意他們的動靜，而解讀他人行為需要時間。這或許解釋了為什麼當有人同在時，我們會等比較久才伸出援手（並且傾向不這麼做）。

人多力量大

目前為止我們已經看到，面對各種惡行，難以解讀的情境會抑制人出手干預的反應。最後我想來談談，至少在某些案例中，即使我們無法完全確定真相，還是可以有所行動。

心理學家一再發現，人如果無須隻身行動，就更可能挺身對抗惡行、面對這麼做的潛在代價。尚恩．立普曼—布魯門（Jean Lipman-Blumen）在《惡劣領袖的誘惑》（The Allure of Toxic

Leaders）一書中寫道：「與處境相同的其他人建立連結，能創造信任、力量與合作行動，這對抗爭組織大有助益。」[23]換句話說，找個朋友陪你吧。

聽聞模糊難辨的狀況（例如有個女人跌倒並痛得大叫），雖然人在有同伴時會比獨自一人更不易出手援助，不過當旁觀者是一對朋友，就會比兩個互不相識的人更快伸出援手，而且快很多。[24]朋友在一起比較不會克制行動，或許是因為比較不必害怕出糗。朋友之間或許更願意討論事發狀況，較不易誤解共同目擊者的想法與感受。

這可能有助於解釋近年某起事件的結局，為何與本章開頭的小傑米悲劇迥然不同。二〇〇三年三月十二號，艾爾文（Alvin）與安妮塔・狄克森（Anita Dickerson）夫婦在猶他州的桑迪市辦事時，看到一名男性與兩名女性在街上同行。艾爾文覺得那個男人有些面熟，於是對太太說，那人長得好像涉嫌伊莉莎白・史瑪特（Elizabeth Smart）失蹤案的街頭傳道人；伊莉莎白是一名青少女，將近一年多前從自家被綁架。這對夫婦決定報警，並且等警方抵達才回家。當天稍晚他們接到電話：多虧他們的行動，伊莉莎白終得獲救。

狄克森夫婦不認為自己特別英勇，甚至不覺得這很不尋常。如同安妮塔在記者會上說的：「我只是很高興我們打了那通電話，她才能與家人團聚。」[25]

雖然促使狄克森夫婦選擇報警的實際因素並不清楚，原因之一很可能是他們彼此為伴，能討論如何解讀眼前狀況；因為是夫妻，不必擔心表明想法會出糗。有機會向信任的對象坦白眼見之事，對釐清模糊狀況可以大有助益。

另一點也有幫助：有另一個人謹慎地排除任何模稜兩可之處，並對應當採取的行動提出明確指示。

九一一恐怖攻擊發生不久後，民眾非常擔憂會出現更多劫機事件。據傳曾有一位聯合航空機長對乘客做了一段不尋常的廣播。[26] 一等飛機駛離登機口，他就開啟全機廣播，發出以下這段指示：

首先，我想感謝各位今天有足夠的勇氣搭乘飛機。機艙門現在已經關閉，飛機上若是發生任何狀況，我們都無法得到外部協助。您在辦理登機手續時應該注意到了，政府做了一些改變以提升機場安全。然而，政府並未對機艙門關閉後會發生的事提出任何規定。在政府有所表示以前，本公司制訂了自己的規則，我想在此告知各位。

一旦機艙門關閉，我們就只剩彼此了。機場保全機制已加強掃描措施，排除了槍枝的威脅，不過我們還可能面臨炸彈威脅。如果您握有炸彈，也不必告訴我或本班機任何乘客，您早已控制了這架飛機。所以，本班機上並沒有任何炸彈。

現在還剩下的威脅是塑膠、木頭、刀子，以及其他能徒手製造的武器，或是能充當武器的物品。

以下是本公司的計畫與規定。如果有一人或是多人起身宣布要劫持這架飛機，我要請你們全體一起站起來，拿起手邊可及的任何物品往他們身上丟，盡量瞄準頭與臉，逼他們舉手自保。

防禦刀子的最佳物品是枕頭與毛毯。如果有人坐在劫機分子附近，盡可能用毛毯蓋住他們的頭，讓他們看不見。

一旦遮住視線，把他們推倒並維持他們倒地的姿勢，不讓他們站起來。接下來，我會把飛機降落到最近地點，本公司人員一定會處理他們。畢竟，劫機的通常只有少數幾人，但我們的力量比他們大兩百多倍！我們不會讓他們掌控這架飛機。

我不知道這位機長是否上過社會心理學，不過說到要如何幫助人在緊急狀況中挺身行動，他的廣播完美示範了我們所知的要訣。他讓乘客知道，如果發生劫機事件，採取行動的責任在他們身上，並且詳細告知應對作法，同時也創造出共享認同的感受。雖然這架飛機上的乘客並未遇險，但如果真有人蠢到想劫機，這位機長的廣播絕對有助於化險為夷。

只可惜，在大多數的真實世界情境中，我們都沒有這種指引來協助釐清狀況、告知該如何反應，而是恰好相反：我們必須獨力權衡行動或不行動的代價。

第4章

伸出援手的高昂代價

人會權衡風險以免自找苦吃

二〇一七年五月二十六號，奧勒岡州波特蘭市政府技師瑞克．貝斯特（Rick Best）在回家的通勤列車上，目擊一名男子對兩名青少女（一人是非裔、一人圍著希賈布）叫罵種族歧視與反穆斯林的話。瑞克與兩名男性出面阻止，結果三人都被對方揮刀刺傷，瑞克與另一人最終不治身亡。

我們已經看到，有些心理因素使人很難釐清真有事故發生，也削弱了內心的責任感。即使情況明顯危急，要是我們認為阻止惡行會帶來重大風險甚而喪命，這也使人很難挺身而出。點破惡行還有一些雖無形但仍使人卻步的代價，例如升遷受阻或社交尷尬。不幸的是，這種恐懼與焦慮可能造成嚴重後果，像是選擇對性別歧視笑話大笑，或是旁觀霸凌卻不插手。

本章將檢視這些克制因素如何令大多數人不挺身對抗惡行，以及我們在決定採取行動之前，又會對連帶得失做怎樣的理性權衡。

權衡幫忙的代價

試想你正趕赴一個重要約會，途中恰好碰到有人需要援手。即使這可能害你遲到，你會停下來幫忙嗎？

很多實驗是為了測試人在緊急狀況下的助人意願，其中最早期的實驗之一就設定了這個情境。達利與丹尼爾・巴斯頓（Daniel Baston）請普林斯頓神學院的學生來當受試者，他們皆是熱忱的神職人員。這些學生要準備一段短講，主題是好撒馬利亞人的故事，典出路加福音十章二十五到三十七節。[1]這段寓言描述有個撒馬利亞人幫助一名受傷倒在路旁的男人，寓含了幫助落難陌生人的道德觀。

研究人員給每個受試學生幾分鐘時間獨自準備，之後請他走到鄰棟大樓發表演講，並且告知每名學生以下三則訊息的其中之一：

- 在「不急組」中，學生被告知教授還需要幾分鐘準備，但他最好提早抵達，而且現在就可以過去了。
- 在「稍急組」中，學生被告知教授已經準備好聽講，要他現在就過去。
- 在「很急組」中，學生被告知教授在等他，他已經遲到了，要趕快過去。

每個學生在前往預定地點途中會經過一名男子——他癱倚在門口、垂頭閉眼、一邊咳嗽一邊呻吟（其實是實驗人員的暗樁）。此時就是實驗的關鍵了：誰會停下來幫忙呢？

要記得，本實驗所有受試者都是神學生，也都剛準備好一段助人有多重要的演講。然而，若要預測誰會停步幫忙，取決於他們趕時間的程度。在「不急組」中有將近三分之二（六十三%）的人會停下幫忙，「稍急組」是將近一半（四十五%）。不過「很急組」的學生只有十%這麼做。

這個實驗結果或許有點出人意料——熱忱的神職人員不論多趕時間，不是都該助人嗎？然而這完全符合社會心理學家的模型預測。根據「喚起／代價—酬賞模型」（arousal/cost-reward model），看到別人遭遇痛苦折磨會挑起人不適的生理反應。[2]換句話說，看到人身陷困境，例如街友乞討金錢食物或有人杵在爆胎的汽車旁，我們會感覺不適，希望這些負面感受消失，解決之道就是幫助對方。

助人絕對有益處，使我們自我感覺良好，表現出的美德或許還會獲得別人認可。不過在許多狀況下，助人也有代價——浪費時間、尷尬出糗、遭遇人身危險。因此在決定行動前我們潛意識會分析利害，如果利大於弊，自然會幫忙，要是弊大於利就不會了。

結果，有時最需要幫助的人最得不到援手。極端衝突中曾有這種狀況，例如大規模槍擊事件以及一九九〇年代盧安達的種族大屠殺。在這些案例中，有人或許想幫忙卻不知如何是好，就算只想伸出援手，代價也可能很高昂。二〇一八年二月，佛羅里達州帕克蘭市的瑪裘麗・史東曼・道格拉斯中學（Marjorie Stoneman Douglas High School）發生槍擊事件，配槍的校警聽到槍聲卻沒有進入該棟建築，顯然在大規模掃射發生時裹步不前。根據喚起／代價——酬賞模型，他的束手無為很合理。要阻止一名握有突擊步槍的槍手，潛在代價顯然非常高昂，益處卻難以論定。

威斯康辛大學麥迪遜分校的學者做過一個巧妙的實驗，直接測試人在可能付出高昂代價時是否比較不會幫忙。[3] 在費城地鐵車廂裡，一名研究人員的暗樁拄著柺杖走到車廂一端時假裝跌倒，有時他躺在地上不動，有時不僅倒地，嘴裡還流出血（其實只是咬破一包假血）。另一名暗樁則在場測量要等多久才有人出手幫忙。

你能預見會發生什麼事嗎？流血顯然代表事態重大，每個人都同意流血時會更需要救援。血跡表示旁觀者不必猜測狀況是否緊急，亦即在較不明確的情境中會有的猜想，所以應該不會擔憂過度反應導致的社交窘境。只不過，血跡也代表幫手要付出更大代價——別的不說，處理起來至少比較耗時，更嚴重的風險則是感染肝炎、愛滋病毒或其他重大傳染病。如同研究人員的預期，暗樁流血時，地鐵乘客不願幫忙的比例顯著上升，就算幫忙也等了比較久才出手。

我們都喜歡自認為善良有德，對有需要的人會伸出援手。助人在大多數信仰中都是基要的教誨，不過信仰非常虔誠的人若是面對惡行，未必比其他人更常出手阻止（在某些情況下，虔信甚至可能助長旁觀者的不作為，這在稍後會提到）。我們的行動會受環境因素影響，而且影響程度比我們想承認的大很多。

除了事件危急程度，還有很多因素會影響助人利弊的權衡。根據統計資料，旁觀者施行心肺復甦術的意願或會隨地理區位而有別。美國心臟協會（American Heart Association）提供心肺復甦訓練課程，讓人有能力為心臟衰竭的患者施救。對心跳停止的人來說，能否迅速獲援是關乎生死之事。不過該協會搜集的資料顯示，所有案例中只有約四十%的旁觀者會提供心肺復甦救助，這個比例又隨事發地點有很大變化。一份二〇一〇年的研究，調查了在二十九個城市經歷心跳停止的一萬四千名當事人，發現在比較富裕且居民以白人為主的社區，獲施心肺復甦術的比率是低收入黑人社區的兩倍。[4]另一項研究發現，凡是在低收入社區（心跳停止在這裡更常發生），不分住民族裔，旁觀者施行心肺復甦術的比率都較低。[5]

雖然心肺復甦術的調查資料顯示富裕社區的人較會幫忙，但這可能是該區有更多人上過相關課程。為了測試受訓後有什麼影響，康乃爾大學的艾琳・康威爾（Erin Cornwell）與亞歷・柯瑞特（Alex Currit）從全美各地不同社區採樣，檢視了超過兩萬兩千例醫療事故的各種旁觀者助人行為。[6]許多助人行為並不需要特殊技術，例如提供飲水、幫人蓋上毯子、冰敷等等。研究人員註記了各社區的社經狀況（家庭收入中位數、教育程度、貧窮率）與人口密度（每平方英里居住人數），此外也註記了需要救護的是白人或黑人（在他們收集的資料中，其他族裔病患的人數太少，無法納入統計）。

康威爾與柯瑞特發現，社區與種族都會影響助人行為。比起稍不擁擠的地區，高人口密度區的居民獲得協助的比率低，再度顯示事故現場的旁觀者多，對受害者未必是好事。不過，社區富裕程度比人口密度的影響更大：貧窮社區居民助人的比率明顯偏低。在所有社區中，黑人受害者都比白人受害者的後果更慘重，這跟偏見（不論外顯或內隱）也有相關。

社區的效應可能也與缺乏互信的程度有關。社會學家發現，在資源稀少、犯罪率與騷亂程度偏高的社區，人容易養成普遍缺乏信任的心態，認為他者較有可能傷人而非助人。[7]缺乏互信表示助人的代價更高，所以旁觀者更不願為事故挺身而為。

與這項研究一致的是，資料顯示鄉村居民比都會居民更易於提供各種協助，例如換零錢、撿起掉落物品、指路等等。[8]雖然這種差異背後有諸多因素，例如在擁擠的都市裡不容易注意到有人需要幫助，鄉下地方的人彼此認識且社會凝聚力高，但是將助人的利害分析列為影響因素也很可信。

點破問題的社交代價

我曾在多年間與一名男同事定期共進午餐。我們有很多共同興趣，喜歡同樣的小說、政治觀點相近、教的都是哲學，我很喜歡有他作伴。不過，他偶爾會說出一些令人感覺有些不妥的話。有一回他直言我瘦了，我回說我「看起來很好」。另一回他提議，如果我出差時覺得寂寞，可以讓他知道，他很樂意隨行。這些話一再令我不舒服，但我從未鼓起勇氣叫他別再這麼說了。

那時我已經是終身職教授，他動搖不了我的職涯發展，我還是什麼也沒說，對這些言詞一笑置之，最後只是不再跟他共進午餐。我不希望關係變得尷尬，也不想他指責我反應過度。什麼都不說，對我而言比較簡單。

發現自己身陷不愉快情境，多數人的作法跟我一樣：害怕點破不良行為會賠上人際關係，最常見的反應就是不做任何反應。當我們是惡行的目擊者，這種恐懼或許比身為受害者更形強烈，因為這時我們也會擔憂身旁人作何反應。

回想一下，你曾聽過別人語帶冒犯、無端損人、說出性別或種族歧視的話，當時你如何反應？有說些什麼，冒險讓自己顯得過度敏感或是害互動變得尷尬嗎？又或者，你是否沒表明想法？即使自知該有所表示，保持沉默還是容易多了。

一九九〇年代末期，興致高昂的觀眾初嚐電視實境秀的滋味，賓州州立大學募得一批女性受試者參與一項實驗，請她們從三十個候選人裡挑出最有可能在荒島生存的十二個人。[9]受試者不知道的是，研究員對人如何做選擇沒興趣，他們設計這個實驗程序是要測試女性對性別歧視言論的反應。研究員也募來一批男性（那些女性以為他們同是受試者），並預先指示他們說出帶有性別歧視的評語，包括「是啊，我們一定得讓女生保持好身材」、「那些女的有一個可以煮飯啊」等等。實驗結束時，受試者被問及對另一組男生有何印象。絕大多數女性（九十一％）表示，對那個語帶性別歧視的男人印象極差。不過在實驗進行中，只有十六％的女性直接說出「天啊，我不敢相信你說出這種話！」這一類表示。

這些女性未直接點明哪些話很冒犯，也許是不想那些男性覺得她們太武斷或政治正確。這麼想也沒錯：有項研究發現，比起沉默，女性點破性別歧視言論會使男性對她們比較沒好感。[10] 所以在實作上，即使想直面冒犯行為，我們可能因害怕不良後果而不發一語，這是很實際的恐懼。

如果有人語帶攻訐或舉止冒犯，要對抗這些人必須具備認知與情緒能量。即使事態更形嚴重，多數人還是傾向不出聲。在一項實驗中，研究人員把學生領進實驗室，與另兩名學生一起受測。受試學生全都不是黑人，另外兩人一個是黑人、一個是白人，實則都是研究人員的暗樁。[11] 他們會在受試學生面前上演種族歧視戲碼，分輕微和嚴重兩種設計情境。黑人男學生要暫離實驗室，途中不小心撞到白人男學生的膝蓋。等黑人離開後，「輕微組」白人說：「不意外，我很討厭黑人這樣。」而「嚴重組」的白人說：「笨手笨腳的黑鬼。」在第三個控制組情境中，白人什麼也沒說。

接下來，等黑人回到實驗室，實驗人員請受試學生選擇他想跟黑人或白人同組。在控制組中，五十三%的受試者選白人，而在白人侮辱過黑人的另兩組裡，都有六十三%的受試者選擇跟白人同組。這個實驗結果，受試者不知怎地，竟然在白人出言損人後還是選擇與他同組，這既出乎意料，似乎也違反直覺。為什麼受試者想跟有種族歧視嫌疑的人一起做實驗呢？

研究人員另做一個附帶實驗，目的不在探究人遇到真正的種族歧視反應為何，而是人「認為自己」會如何反應。受試者要閱讀類似前述事件的敘述，或是觀看實況重演的影片，並預測自己會有什麼反應。只有二十五%的閱讀組受試者與十七%的影片組受試者估計自己會與侮辱黑人的白人同組，他們自認會有的不悅程度也比身歷其境的受試者高。

這種差異讓我們知道，雖然人想像自己聽到種族歧視言論會氣憤難平，真正遇上時卻可能不會那麼氣。如此看來，不自覺的種族歧視或許比願意承認的程度更高，否則為何那麼多受試者想與侮辱黑人的學生同組？研究人員的結論是，那些目擊歧視行為的受試者可能自圓其說，假定對方只是開玩笑，如此一來，他們就不必降低對那個人的評價。

這篇論文的第一作者凱瑞．川上（Kerry Kawakami）結論道：「人不會自承偏見，預期自己會對種族歧視行為感到憤怒並採取相應行動。然而我們發現，真正聽見明目張膽的歧視言論時，他們的反應比預期中和緩許多。」[12]

這些研究結果指出，我們一再認為自己會做對的事情（在面試官問了不當問題時直言不諱、點破有人說出種族歧視的話，諸如此類），但當事態真正嚴重起來，實際的行為其實畏縮得多。

很多人忽略了一件事：我們不欲點破別人的天性，其實會促使惡行持續不絕。沉默意味著不關心，或是代表默許，使惡行延續的可能性大為提高。

我們的大腦討厭被排擠

如果點破惡行要付出社交代價，我們就想避免這麼做，這似乎反應出人類想迴避任何痛苦的基本慾望。神經科學家近來發現，當我們經歷社交挫折，例如分手或是被排擠，腦部的反應跟扭傷腳踝、劃破手指等生理疼痛如出一轍。[13]

證實社交挫折與生理疼痛有相似神經反應的最早期實驗中，有一項出自加州大學洛杉磯分校的娜歐米・艾森伯格（Naomi Eisenberger）和馬修・利伯曼（Matthew Lieberman），以及澳洲麥考瑞大學（Macquarie University）的吉卜林・威廉斯（Kipling Williams）。他們設計了一個虛擬的互動拋球遊戲「網路球戰」（Cyberball），[14]受試者要在功能性磁振造影儀裡玩這個遊戲，並且被告知另兩名對手也在儀器裡玩遊戲（其實這遊戲是設定好的程式，受試者並沒有真人對手）。第一回合，受試者與另兩名玩家（電腦）拋球與接球的機會相當。到了第二回合，另兩名玩家起初還丟了七次球給受試者，接下來只在彼此間拋接大約四十五次，直到遊戲結束。實驗結束時的問卷調查不令人意外地顯示，受試者自覺被排擠忽略。

研究人員接著檢視腦部活動，了解人腦處理排擠的過程。當受試者被排除在遊戲之外，腦部的背側前扣帶回皮質（dorsal anterior cingulate cortex, dACC）與腦島前區（anterior insula）顯得比較活躍。這種反應模式類似於正經歷疼痛的人身上測到的結果。一般認為，背側前扣帶回皮質相當於腦部的警報系統，基本上是負責指出「有事情不對勁」，腦島前區則與調節疼痛和負面情緒有關。

為了更深入探索被排擠與疼痛的神經連結，研究人員請受試者回報他們在玩網路球戰時感覺到的社交挫折（被無視與排擠）有多強烈。那些自覺被排擠、不適感較強烈的人，較為活躍的腦區恰好是處理生理疼痛的區域。這個開創性的實驗率先證實了被排擠會活化回應疼痛的相同腦區，後續研究也支持並延伸了這些結果，我們將在第九章看到。

如果社交挫折的感應方式確實與疼痛相同，那麼你可能會推想，用於減輕頭痛與肌肉酸痛的藥物或許也能緩和社交挫折。為了測試這個假設，納森．狄瓦（Nathan DeWall）與同事請六十二名大學生在三週內每天做紀錄，記下他們感覺傷心的程度。[15]所有受試者每天都要服用一枚藥丸，其中一半吃的是乙醯胺酚（acetaminophen），也就是止痛藥泰諾（Tylenol）或撲熱息痛（paracetamol）的藥效成分，另一半吃的是安慰劑。受試者既不知道自己拿到哪一種，也不曉得是什麼藥。在這三週期間，拿到乙醯胺酚的人顯示傷心的感覺減輕，這暗示了止痛的基本成藥也能緩解社交挫折（不過先別急著鼓勵有人際焦慮的青少年每天服用乙醯胺酚，別忘了此類藥物可能造成嚴重副作用）。

更近期的一項研究證明，這種常見的止痛藥也會降低我們感受他人痛苦的能力。[16]俄亥俄州立大學與美國國家衛生院（National Institutes of Health）的心理學家讓大學生喝兩種飲料，一種含有一千毫克的乙醯胺酚，另一種是安慰劑溶液。等一小時後藥物生效，學生要閱讀八則故事，主題都是某人經歷了社交挫折或生理疼痛。其中一個故事主角的父親過世了，另一則故事的主角受到嚴重割傷。這些學生要為主角的心痛、受傷或疼痛感評分。結果止痛藥組的學生評分一致低於安慰劑組的學生。

第二項實驗中，研究人員再次分別給予兩組學生乙醯胺酚或安慰劑飲料，接著請他們想像其他學生正在經歷兩種痛苦：一種是生理疼痛（聽到巨響雜訊），另一種是社交挫折（玩線上遊戲被排擠）。再一次地，服用止痛藥的學生對他人痛苦程度的評等較低。

研究論文的第一作者多明尼克．米希考斯基（Dominik Mischkowski）結論道：「由研究結果可見，當你服用乙醯胺酚時，別人的痛苦對你來說似乎比較輕微。如果你在與配偶發生爭執前剛服用了乙醯胺酚，根據本研究，你可能較無法理解自己究竟做了什麼導致傷害了配偶情感。」[17]

所以說，一般止痛藥似乎有心理副作用，擾亂同理他人痛苦經驗的連結。講白了就是乙醯胺酚會使你比較感覺不到別人的痛苦。

我們知道不論是被排擠或恥笑，點破惡行的潛在社交後果感覺都很糟糕。前面這些研究告訴我們，人無法忽略社交挫折（就連對社交挫折的恐懼也是），一如我們無法忽視扭傷腳踝或嚴重頭疼的痛楚。我們會在第五章看到，如果作惡的並非隨便某個陌生人，而是我們社群的成員，例如同學、隊友、同事、同宗教團體或政黨成員，那麼點破惡行而被排擠的痛苦更教人難以略而不顧。

超越挺身而出的代價

喚起／代價—酬賞模型描述的是一種理性權衡，多數人都會藉此決定是否採取行動。當我們有意識或潛意識地認定行動的風險過高，這個決策過程就會導致我們袖手旁觀。不過，有時即使代價甚鉅，仍有人會出手干預惡行。這些人為何與眾不同？

賓州州立大學的泰德．賀斯頓（Ted Huston）與同事訪談了三十二位曾在危險狀況中（強盜搶劫、搶銀行）出手干預的人，拿他們與毫無行動的人做對照，[18]發現那些挺身而出的人更常受過某種救生技術訓練，例如醫療急救；實際上，這些受訪者有六十三%受過救生訓練。他們的性格與常人無異，只是具備了特殊技能。

光是基礎的訓練，也能賦予人在急難中採取行動的勇氣。二〇一三年五月在倫敦，英格麗．洛堯—甘尼特（Ingrid Loyau-Kennett）跳下公車照護一名倒地流血的男子，並且留在現場與殺害他的兩名男性交談了十分鐘，直到警方抵達。[19]她把自己的義舉歸功於她擔任幼童軍團長時受過的急救訓練。二〇一七年三月，史都華．葛拉漢（Stewart Graham）在緬因州一個基督教青年活動中心運動時，為力竭而摔下健身腳踏車的一名男子施行心肺復甦術。[20]葛拉漢表示，多虧他在三年前受過相關訓練，才有能力迅速反應，最終救了男子一命。

這些案例點出一件事：面臨攸關生死的真實事故，受訓能增加人採取行動的意願。除此之外，訓練也能賦予人必要技能，使人在日常情境中也能挺身而出，不論是制止霸凌的高中生、拒絕整人誓約的兄弟會成員，或是懲處內線交易員工的避險基金經理，都是很好的例子。救生訓練到底有什麼玄機？我在後續篇章會談到其中一些證實有效的具體手法。但首先我們要來看看，人若是感受到從眾的壓力會發生什麼事。

第5章

社群內的從眾力量

融入群體要比異於旁人舒服多了

二〇一七年二月四號，賓州州立大學十九歲的大二生提摩西．皮亞札（Timothy Piazza）參加所屬兄弟會的整人儀式，二十八分鐘內被灌下十八杯酒。當晚十一點左右，他跌下一整層樓梯，頭先著地。提摩西不省人事，腹部出現大片瘀青等嚴重創傷的癥候，兄弟會許多成員認為他狀況很糟，但直到他跌倒十二小時過後，才有人打九一一求救。提摩西總算被送到醫院，院方發現他脾臟破裂，腹腔嚴重出血，腦部受創，他在隔天死亡。

提摩西的死是一場悲劇，然而這類事故並不罕見，幾乎每年都有大學生死於兄弟會的整人入會考驗。動手惡整新成員者平日都是正常年輕人，是大學校園裡的好青年；事實上，提摩西決定入會，正是因為其中許多會員是主修機械與生物的認真學生，該兄弟會還參與社區服務活動。兄弟會成員並非都是冷酷無情的變態。可是這些社團的整人儀式，導致層出不窮的死亡事件，情由也都相同：很多男生都注意到有人嚴重不適，需要醫療照護——但他們什麼都沒做。

我們在第四章檢視了點破惡行的代價。如果素行不良者是同社群的成員，我們可能要為直言不諱付出更大的社交代價——就是這個社交代價使得大多數人沒有出言反抗社群成員，從惡整新生的兄弟會學生，到聽見冒犯言論而大笑的同事，都可見一斑。這種代價如此高昂，我們甚至會因此無視需要幫助的人，藉此保護其他對象。為什麼反對社群成員如此困難？近年來的神經科學研究顯示，遵循社群規範的天性已深植人類大腦，幾乎人人都無法自外於這個力量：融入群體要比異於旁人來得舒適多了。

從眾的社會壓力

所羅門・艾許（Solomon Asch）是心理學的先驅人物，他最為人所知的是以實驗證明社會壓力對從眾行為的影響。在一九五〇年代，艾許募來一批受試者參加所謂的「視覺鑑別」研究。[1]這個後來聲名大噪的實驗設計很簡單：受試者被告知要看著一條目標線，接著看另外三條線，判斷其中哪一條跟目標線等長。這個作業很容易，受試者獨自操作時幾乎都答對了。

艾許想確定的是，人是否會為了合群而給出明知是錯誤的答案。他徵得一群男大學生，以八人為一組做這個實驗，但實際上只有一人是被蒙在鼓裡的受試者，其他都是研究人員的暗樁。每名組員都要大聲說出答案，受試者排在最後作答。

在大多數的線條鑑別測驗中，每個組員都給出正確答案。在少數幾組裡，研究人員事先跟暗樁講好，要他們全說出同樣的錯誤答案。想像一下那個情境：第一人說出顯然錯誤的答案，明顯到害你差點笑出來。不過下一人也說出同樣答案，再下一個也是。這時你會怎麼想？更重要的是，你會怎麼做？

有超過三分之一（三十七％）的受試者會給出錯誤答案，以求與其他組員一致。這些受試者有一半的人在超過一半的測驗回合裡故意答錯。

這些實驗結果引人矚目之處在於，受試者沒有特別必要與其他組員打成一片，他們並不是朋友或同事，也不隸屬同一個兄弟會。然而，即使是跟一群陌生人同組，大學生為了合群，仍會給出明知是錯誤的答案。艾許自己為這個結果感到不安，他寫道：「我們發現，在社會中從眾的傾向是如此強烈，以致智商正常、心懷善意的年輕人都願意指黑為白，此事值得關切。」

雖然艾許的實驗及後續的許多重複實驗都提供了堅實證據，證明人有時會給出心知錯誤的答案以求合群，但這個實驗典型顯然是人為情境，答錯也沒有嚴重後果。對大多數人來說，就算實驗人員認為他們判斷線條長度的能力欠佳也無關痛癢。

如果答錯的後果更嚴重，我們會否不那麼從眾？又或者，我們被要求評估的事情對我們來說比較重要、更貼近自我感受呢？簡而言之，我們仍會從眾。後續研究顯示，社群會影響我們各式各樣的觀點與行為，從歌曲到食物的喜好皆無例外。

哥倫比亞大學的社會學家想檢視社會規範對青少年音樂品味的影響。[2] 他們透過網站招募了超過一萬四千名青少年，請他們參加一項音樂喜好的研究。其中一半的受試者要聆聽一些無名搖滾歌曲，並且下載他們喜歡的那幾首歌；他們沒有歌曲的任何資訊，這些歌曲都來自一個讓籍籍無名的樂團上傳作品的網站。另一半受試者也要聆聽相同的無名歌曲，但他們會看到每首歌被下載的次數（暗示受歡迎程度）。受試者一旦知道很多人都下載了某首歌曲，他們下載那首歌的機率就顯著提高，這顯然表示青少年會仰賴他人評比來做下載的決定。

所以說，我們在乎別人怎麼想，但並非對所有意見一視同仁。多年來有無數研究顯示，內團體（in-group）成員的意見特別容易影響我們。伯明罕大學（Birmingham University）的蘇珊·希格斯（Suzanne Higgs）與利物浦大學（University of Liverpool）的艾瑞克·羅賓森（Eric

Robinson）發現，得知其他女大學生不喜歡柳橙汁的女大學生，在稍後也會回報自己比較不愛柳橙汁。[3]然而，知道男大學生不喜歡柳橙汁，倒不影響她們對柳橙汁的評價。我們在意與同社群成員打成一片（在本研究中是其他的女大學生），並且願意改變個人觀點以求合群。

從眾的壓力可以非常強大。違反社群規範的人通常要承受負面後果，例如感到尷尬不自在，或遭受他人的敵對。[4]光是看到別人被排擠（大概提醒了我們那有多不愉快），都能令人更加從眾。

研究人員做過一個實驗，強力佐證了害怕被排擠能促使人從眾。她們將大學生隨機分成三組，各觀看一則不同的幽默影片。[5]第一則是「被嘲笑」影片，有人取笑另一人的外貌說：「他以前跟青少年一樣長得滿臉痘花，我們都叫他『披薩臉』。」第二則的「自嘲」影片是一個自我揶揄的人說：「我以前跟青少年一樣長得滿臉痘花，他們都叫我『披薩臉』。」第三則是控制組影片，內容是喜劇演員說了一些沒有針對任何人的笑話。

接下來，所有受試者都要看一些卡通，並且為每則卡通的好笑程度評分；這些卡通已經依照很好笑到完全不好笑的程度由其他學生打過分數。受試者在評分前已被告知其他學生大概會怎樣評分，不過研究人員讓他們知道的同儕評分與實際恰好相反。這麼一來，受試者自己的評分會是什麼呢？

比起「自嘲組」與控制組，「被嘲笑組」學生打出的分數更接近所謂的同儕評分，把不好笑的卡通評為好笑，反之亦然。由此可見，提醒我們被嘲笑（排擠的一種形式）有何感受的任何事物，都會加強從眾的傾向。這個研究也讓我們了解，霸凌者的恥笑可以促使人更從眾。

不論是學習社群規範或對其遵循恪守，我們都受到強烈動機的驅策，也很容易害怕點破惡行的後果，尤其當始作俑者也是社群一員時。這會抑制我們在各種情境中挺身發言的念頭，例如有同學在傳閱給女同學身材打分數的名單、親戚在感恩節晚餐上說了恐同的貶抑之詞，或是同事在會議中語帶攻訐。這也有助於解釋宗教或政治團體為何會包容某些行為，儘管在許多外人眼中絕不該容忍。

從眾使人感覺良好的神經因素

神經科學家已經發現有力證據，顯示我們樂於從眾的傾向有神經因素在驅使。倫敦大學學院的研究人員召募了一群受試者，調查他們的音樂喜好，再讓受試者知道專家是否認同他們的品味，同一時間分析受試者的腦部活動。[6]他們請受試者列出二十首喜歡卻沒有購買的歌曲，接著讓每名受試者進入功能性磁振造影儀，播放各人歌單上的一首歌曲，以及另一首不在歌單上的無名歌曲。實驗員請受試者選出偏愛哪首歌，接著跟受試者說「音樂專家」對哪一首的評價應該會比較高。

實驗結果帶來強烈證據顯示，一旦得知有人與我們同感，尤其對方據稱見多識廣時，內心的感覺會更好。比起與樂評家的偏好不同，受試者得知音樂評論家也喜歡某首歌曲時，腹側紋狀體（ventral striatum）比較活躍，這是處理酬賞經驗的腦區（我們贏錢或吃巧克力時，這部位也會活化）。如果兩位音樂專家都喜歡受試者選的歌，這種活化反應又更形強烈。由此可見，神經機制是創造社會從眾行為的關鍵，這也是最早揭示此結果的研究之一。

另一項研究發現，當我們的意見獲同儕肯定時，腦部也會出現獨特反應。俄國聖彼得堡國立大學（Saint Petersburg State University）的安娜・薛斯塔科娃（Anna Shestakova）與同事做了一個實驗，請女性受試者根據大頭照為超過兩百名女性的吸引力評分。[7]等受試者回報自己的評分結果，研究人員會將他們聲稱是「其他女性」的平均評分告知受試者。部分受試者得知她的評分與別人很相近，另一些受試者則得知評分與別人迥異。當受試者獲悉與他人評分的異同時，研究人員也使用腦波儀分析她們的事件相關電位，也就是腦部對不同刺激起反應時產生的微小電壓。研究人員接著再給受試者一次機會，為照片重新評分，也再次測量她們的腦部活化反應模式。

不出所料，當受試者相信別人不同意她的評分，第二次會改得更符合大眾結果，然而更出人意料與具有啟發性的是她們的神經反應。比起評分與他人相符，當女性獲悉自己的評分與他人相異，腦部的事件相關電位會明顯偏向負值，也就是說，當她們的觀點與群體相衝突，腦部出現了代表錯誤發生、需要更正的神經反應。

有些研究使用功能性磁振造影儀（檢視不同腦區的活化情形，不是只有表面的電流活動）收集資料，所得結果也可以與此對照。一項實驗採用了類似上述實驗的操作流程，研究人員請女性受試者為其他女性的長相吸引力評分，再讓她們看別的女性如何評比相同對象。[8] 功能性磁振造影資料顯示，受試者若發現評分與別人不同，大腦的喙部扣帶區（rostral cingulate zone）與腹側紋狀體有活化反應，這些腦區負責處理行為、社交學習與酬賞的結果。這個研究發現的神經活化模式類似於腦部在學習時發現犯錯的反應，這種腦部活動模式基本上是大腦在表達：「犯錯了，請更正。」

受試者一旦體認到自己的評估與他人不同，會傾向調整評分好與群體一致。代表「錯誤」的神經訊號愈強，評分的更改幅度愈大。如同本研究第一作者瓦斯歷・庫恰列夫（Vasily Klucharev）指出的，這些實驗結果顯示我們的大腦「會發出訊號，點出可謂最根本的社交錯誤——與別人差異過大」。[9]這有助於解釋我們為何從眾：因為從眾感覺良好，離群就令人不舒服了。

同儕壓力確實存在，青少年特別有感

青少年從眾的本能尤其強烈，這或許不令人意外，但原因何在？有個明顯的解釋是，大腦的前額葉負責判斷與控制衝動，這個部位要到二十歲出頭才會發育完全，[10]這是青少年比較容易衝動做決定與冒險犯難的原因之一。這似乎也令他們更易於模仿同儕行為，卻未事先慎思做此選擇的後果。

不過，尚未成熟的前額葉並非事情全貌。青少年非常在意群體歸屬，經常採納同儕的穿著、態度、癖好與行為。對社群規範的尊奉使他們形成有別於其他群體的認同，心理學家把這個形塑過程稱為「規範調整」（normative regulation）。青少年比成人更在乎合群，以免遭到排擠：研究發現，與成人相較，青少年被同儕排除時感覺更糟，在社交上為人接受的感覺則更好。[11]

青少年特別容易從同儕身上尋求解讀模糊情境所需的資訊。在一項實驗中，研究人員請參觀倫敦科學博物館的民眾為一些日常情境的危險程度評分，例如闖紅燈過馬路、抄捷徑穿過暗巷等等。[12]受測民眾接著被告知成人與青少年對這些情境的平均風險評分，然後研究人員請他們再評一次；這些所謂的平均評分，其實是研究人員隨機編派的數字。

如同先前的從眾行為案例，各年齡層的民眾得知他人評分方式後，都會改變自己打的分數，使其更符合他人看法。然而，青少年改變評分的比率高於成人，改變幅度也更劇烈。大多數人都把自己的評分改得較接近成人平均，只有一個年齡層偏離了這個大方向：十二到十四歲的青少年會把評分改得更接近其他青少年，而非成人，比率還高出很多。剛進入青春期的青少年處在形成與定義自我認同的階段，與同儕打成一片比所有事情都重要。

不幸的是，這種融入同儕的渴望能導致嚴重後果，甚至危及性命。天普大學（Temple University）的研究人員募來十三到十六歲的青少年、十八到二十二歲的年輕成人，以及二十四歲以上的成人，讓他們玩一個叫做「馬路雞關」（Chicken）的電腦遊戲。[13]玩家要在紅綠燈由綠轉黃時決定何時停下一輛汽車，否則等燈號轉紅，車子可能會在路口被另一輛車撞到。每個年齡組都有一半的人獨自玩遊戲，另一半的人有兩名受試者在一旁觀看並建議停車時間。比起獨自一人，與一群同伴一起打電動時，人通常會做出比較大膽的選擇，不過這種效應在青少年與年輕成人身上明顯得多。

青少年普遍性喜冒險，再加上很在意融入群體，往往導致他們與同儕為伴時會比獨自一人更魯莽。例如，有乘客同車時，青少男違規駕駛（遇「停」標誌卻不停車，或違規迴轉）的比率增為將近六倍，危險駕駛（超速或緊跟前車）的比率增為兩倍。[14]如果與另一名男性乘客同車，出現危險行為的比率還會更高。[15]

不過，青少年為何特別容易受社群影響？神經科學家發現，青少年大腦的架構特別會注意同儕的想法與行為。[16]學者們推測，青春期的荷爾蒙變化導致腦部生理構造改變，從而增加青少年對社交資訊的關注。

在一項實驗中，研究人員讓青少年（十三到十八歲）躺在功能性磁振造影儀裡看多種不同的照片，[17]有些是中性地呈現食物或人，一些則是與風險相關的香菸與酒精。每張照片都伴有「讚」的次數，研究人員聲稱那是其他青少年按的。一半照片得到的讚很多，另一半很少（這些讚的數字其實都是隨機分派）。研究人員把同一張照片給兩組不同的青少年觀看，喜歡就點「讚」，不喜歡就點「下一張」。結果顯示，青少年給的評價受到同儕很大影響。不論是中性與風險性照片，比起讚數少的照片，只要附帶顯示的讚數多，受試青少年都更有可能點「讚」。

這種從眾的渴望也明顯見於腦部。青少年看到讚數很多的照片，大腦的某些區域會亮起，包括處理社交認知、社交記憶與模仿的部位，也就是楔前葉（precuneus）、內側前額葉皮質（medial prefrontal cortex）、海馬回（hippocampus）與額下回（inferior frontal gyrus）。腦部酬賞系統的腹側紋狀體也會活化。這下你知道孩子在看Snapchat或Instagram的時候，他們的腦子有什麼反應了。青少年看到他們認為同儕喜歡的照片，此時大腦告訴他們「注意了，記住這張照片，你也要有樣學樣」，以及「這種感覺很好」。不過，他們的神經反應也會隨照片種類有別：比起中性照片，觀看風險性照片時，腦部與認知控制有關的部位較不活躍。研究人員推測，這種認知控制的降低可能增加青少年「從事冒險行為的可能性」。

有些證據顯示，女生合群與被同儕接受的渴望或許特別強烈，這可能是因為青春期女生對社交訊號比男生更敏感，也更關注社交相互的動態。[18]男生較在意廣泛的社群關係以及相對優勢的地位，女生較在意同儕評價與社會認可（以及人際壓力的整體強度），這也許能解釋她們罹患憂鬱症與焦慮症的比率為何比較高。[19]

為了檢視性別對同儕認可的敏感度差異有怎樣的神經基礎，美國國衛院與喬治亞州立大學（Georgia State University）的研究人員招募了一群九到十七歲的少年與青少年，宣稱要讓他們參與一項研究青少年使用網路聊天室行為的實驗。[20]受試者要觀看四十張聊天候選對象的照片，為他們有興趣與對方聊天的程度評分。接著研究人員把這些照片分成「極有興趣」與「極無興趣」兩組。在下一階段，研究人員請受試者再度觀看全部四十張照片，並推測照片裡的人想跟他們互動的程度，同一時間研究人員則掃描受試者腦部。

實驗結果顯示，女生對於別人怎麼看待她們最有感。稍長的青少女思考同儕會如何評比自己時，腦部的腹部紋狀體、腦島（insula）、下視丘（hypothalamus）、海馬回、杏仁核（amygdala）變得活躍起來，這些腦區負責處理關於社交的情緒、酬賞、記憶與動機。當她們想像自己特別有興趣交談的對象會如何評論自己，活化程度還會更強烈。不論與任何年齡的受試男生相較，這種神經反應在稍長的青少女腦部都更強烈，這顯示隨著年齡增長，女生會益發關心自己在別人眼中的形象。從腦部活化模式能明顯看出，女生在青春期會愈來愈關注錯綜複雜的社交動態，這也代表她們會更在意同儕，也更擔心同儕對她們有何想法。

誤判社會規範的後果

想融入社群是人類的天性，但為了避免顯得異常而保持沉默，可能會造成支持某種行為的假象，儘管大多數社群成員其實反對那種行為。在第三章曾看到，我們私下或許不贊同朋友或同事的行為，但當我們參考他人以確認或調整自己的反應，只會看到支持現狀的表現。人的感受與行為恰好相反，這會導致我們遵循其實不存在的規範。不幸的是，大學校園經常出現一種鮮明的案例，讓我們看到誤信不存在的規範有多強大的威力，又會造成什麼後果。

許多大學生私下不喜歡校園的過量飲酒風氣，卻傾向認為其他學生（包括朋友在內）比自己更能接受時下流行的豪飲。[21]很不幸地，群體的多數心懷某種想法，卻誤以為其他多數人的想法與自己不同，這種人眾無知（在第三章描述過）可能造成嚴重傷害。因為學生相信別人認可豪飲行為，他們或許會公開支持飲酒，也聊到參加派對喝醉的經驗，卻不會提及自己適量飲酒的時刻。我們傾向表達自以為很普遍的觀點，又使大家誤認為這些觀點稀鬆平常、較為人全心接受，實則並非如此。

在我的學生身上，我見過這種「公開支持自己並不認同的行為」的表現，我也做了多項研究探索其中的心理因素。剛開始研究這主題時，我決定檢視女性的身體形象與她們對個人體重的想法，與校園的常態做比較。我與普林斯頓大學的同事合作過一項研究，以各年級女大學生為受試者，詢問關於身體形象和體重的各種問題，包括多常運動、運動的動機為何，也問及她們當下的身高體重。[22]我們也讓她們看一張量表，上面畫了九種不同的女性身材，從極瘦到極胖，請她們選出最符合個人理想身材的圖示。最後請她們推測同校其他女生會如何回答這些問題。

我們發現，女學生個人的想法與行為跟她們心目中的同儕相當不同。首先，她們說自己每週平均運動四小時，卻認為其他女學生每週大約運動五個半小時。她們覺得其他女生運動比較是出於外在誘因——想變漂亮、減肥、修飾身材。而她們自陳的誘因則較偏向內在，例如抒壓、改善健康或增強體力。

這項研究最引人矚目的發現是，受試女學生不只誤判他人的想法與動機，也誤判了其他女生的真實身材。我們請受試者告知自己的身高體重，以及她們認為同校女生有怎樣的平均身高體重。我們計算這兩組身高體重的身體質量指數（體重對身高的粗估比）。這些女學生的平均身體質量指數是二十二，但她們覺得其他女生的身體質量指數是二十．五。此外，與年紀較長的學生相比，大一學生個人的身體質量指數與她們推估別人的差距較小。讓她們用圖示量表推估自己與他人的理想身材，所得資料也顯現相同的差距模式。大一女生自覺的理想身材與推估別人的理想身材分別是三．一和二．七。至於更高年級的女學生，這兩個數值分別是三．〇與二．三，差距較大。

女生入學後的時間越長，對體型與胖瘦估得愈失準，坦白說這很令人困惑。這項研究在普林斯頓大學進行，該校幾乎所有學生都住校，也常與同學在教室、餐廳、體育館和宿舍互動，受試者經常親眼見到其他女學生真實的體型與胖瘦。你可能會預期，她們在學校待得愈久，評估應該愈準確才對。為什麼女學生堅決認為同學不只比自己瘦，也比實際來得更瘦？這種傾向為何又會隨著時間變得更強烈？

原因或許跟現今的社會很注重纖瘦有關，導致女性公開表達符合這種規範的看法，即使這看法不代表個人真實感受。例如，她們可能會告訴朋友自己吃得很少（「我今天實在太忙了，只有空吃一個蘋果」），或是做了很多運動（「我剛踩了四十五分鐘的跑步機」）。但她們跟人說自己獨坐一隅大吃奧利奧餅乾，或是提不起勁上健身房，這種可能性就小得多了，即使是吃掉一個分量健康的墨西哥捲餅或騎一小段腳踏車，也不值一提。女性公開分享某些行為卻避談其他的傾向，會導致人對真實規範產生誤解；自從我們做研究的那個時代以來，這種情況因為社群媒體更形惡化。

女性不僅止於口頭表達符合纖瘦規範的立場，她們的公開舉止也顯示其全心支持這種規範。在許多住宿式學院，女生對自己在公眾場合吃的東西極有自覺，這種現象叫做「餐盤審查」（tray gazing）。她們在餐盤裡堆滿沙拉、脫脂優格與健怡可樂，心知（或是想像）別人會看她們怎麼選擇。

所有對纖瘦規範的公開表達都有個諷刺之處，那就是許多學生沒注意到身邊其他人也在做同樣的事。他們知道自己在餐廳與其他公開場所說一回事、做一回事，等回到宿舍房間，再偷偷享用一包多力多滋或一、兩球冰淇淋。他們自覺羞愧與孤單，渾然不覺人人幾乎都在私底下大吃洋芋片。你要是只吃沙拉、脫脂優格和健怡可樂，當然很快就會覺得餓。

這種誤判在大學校園中更形嚴重，至少住宿式學院是如此，因為學生在公開場合成天見到其他女性如何飲食與運動。為了檢視這種傾向是否僅限於大學校園，我與以前的學生做了一項幾乎完全相同的研究，只是把受訪對象換成中學生。[23]我們從美國與英國的三間私立女中收集了與前述大學女生相同的資料，結果幾乎與那份研究一模一樣：學生低估同儕的身體質量指數與胖瘦，也誤判了同儕運動的動機。

與社群規範格格不入的感覺即使只是假象，也可能導致嚴重的負面後果。覺得自己不符纖瘦規範的女性或許會想方設法（而且並不健康），以達成內心所認定的理想身材。不論是普林斯頓的女大學生或英美兩國的女高中生，兩次研究都顯示，受試者自陳的胖瘦與她們認為別人的胖瘦差異越大，說自己有飲食失調症狀的機率就越高，從極度在意纖瘦、暴食到催吐都有。[24]

針對別種健康相關行為所做的研究也佐證了我們的調查結果。學生若是相信（誤信）其他同學比自己喝更多酒，通常會增加飲酒量。[25]他們也較容易感受與校園生活疏離，之後表示想參加大學同學會的意願較低。我們會在第七章看到，男性如果相信其他男性認可常見的強暴迷思，就更可能表現出性侵傾向的行為。[26]換句話說，人會改變個人行為以符合他們感知到的規範，但這種感知通常並不正確。

對「誤解社會規範做糾正」的力量

我們已經看到人有多想讓自己符合普遍的社會規範，這裡有個好消息：從眾的慾望也能對行為產生正面影響，只要讓人知道對某些規範的認知並不正確即可。這種作法已經重複施行於高中與大學，讓學生獲悉更正確的飲酒和身體形象資訊，藉此協助他們改善健康。[27]我們會在第七章看到，這種作法已經用來降低性侵發生率。

糾正對規範的誤解有何益處？以下有個例子。普林斯頓大學的克莉絲汀．施羅德（Christine Schroeder）與戴博拉．沛蘭提斯（Deborah Prentice）招募了一百四十三名大一學生，讓他們觀看一則七分鐘影片，內容是關於酒精的社交場景，接著讓他們參與一場針對飲酒行為的討論。[28]有些學生在討論中得知對飲酒社會規範的常見誤判，以及我們覺得校園普遍崇尚飲酒但實則並非如此，這種落差有怎樣成因，這些誤判又如何影響校園飲酒文化；另一組的討論則是解釋過量飲酒的壞處，並提供適量飲酒的策略。六個月後，施羅德與沛蘭提斯再度訪調受試學生，發現比起只獲鼓勵培養健康飲酒習慣的學生，得知何謂誤判規範的學生所回報的每週平均飲酒量低很多。

我自己的研究也顯示，糾正規範誤判能降低飲食失調的比率。我與我的學生珍妮・穆特沛（Jenny Mutterperl）以大一女生為受試者，測量她們飲食失調的比率，把她們隨機分成兩組，分別閱讀兩份手冊。[29]第一份的內容是如何維持健康飲食和運動習慣的一般資訊；第二份則是描述女大學生對同儕飲食運動習慣的常見誤判（別的女生其實沒那麼想瘦、沒吃得那麼少，運動量也沒那麼大），並且解釋誤判產生的原因。我們在三個月後再度聯絡受試者，了解這兩份手冊是否改變了她們的行為。

打破女性渴望纖瘦此一普遍迷思的手冊，似乎真的有幫助，至少對部分受試者是如此。有些受試者起初就對電視與雜誌常見的纖瘦典型不太上心，讀過誤判規範的手冊後，她們調高了心目中的實際體重與理想體重，飲食失調的頻率也降低。這些女學生似乎對校園其他女性的體重產生更準確的觀感，從而緩解了減肥壓力。可惜的是，如果受試者在實驗之初就致力達成大眾媒體散布的理想體態，手冊在她們身上就沒有發揮這種益處。我們認為，後面這群受試者積極對照體態的對象比較不是同學，而是從雜誌與電視看到的形象，即使得知更正確的校園規範資訊，對她們的行為影響還是沒那麼大。

我最近的一個研究路線是檢視大學生對心理健康的誤判，尤其是他們傾向低估受心理問題所苦的同儕人數，同時把尋求治療的社會污名看得過於嚴重。[30]我與我的學生凱特・楚斯基（Kate Turetsky）隨機分派大學生參加三場十五分鐘的工作坊。第一個工作坊的重點是破解校園心理健康的迷思，並簡單解釋這些迷思如何降低學生尋求協助的可能性；第二個工作坊提供了心理疾病與迷思的一般資訊；第三個工作坊著重於利用壓力管理技巧改善心理健康。我們在兩個月後測量這三個工作坊對學生的看法有何影響。

我們發現，破解校園心理健康迷思的工作坊顯然讓學生受益。這個工作坊改善了學生對尋求專業心理協助的觀感，有效程度與一般衛教工作坊相同，而且比壓力管理工作坊更好。學生得知心理健康規範的正確資訊，是否較會尋求協助？雖然研究沒有發現到相關證據，不過我們是在工作坊過後兩個月就跟進調查，間隔可能太短，還看不出效果。先前已有實驗證明想法能預測行為，這些學生在未來或許會更樂意為心理問題尋求治療。有鑑於大學生的自殺行為屢屢發生，這種行為改變或許對挽救生命大有助益。

外人介入的力量

我們已經看到合群的壓力能有多強大，從腦部活化模式也顯然可見。如果人說服自己，保持沉默有助於他們重視的機構成就更大益處，例如教會、兄弟會或政黨，那麼促使我們在惡行前噤聲的力量尤其強勁。我們在米爾格蘭實驗的衍生版本中看到，如果受試者認同研究人員的目標，就更容易順從施予電擊的指令。因為這種傾向，民眾可能會將個人是非觀昇華為對敬重機構的支持，從警方到教會皆然。

只可惜，無視社群成員惡行或積極加以包庇的決心並不罕見，從天主教會的性虐待醜聞可見一斑。在七十年間，美國賓州有超過三百名神父性虐待超過一千名兒童，教會領袖卻佯裝無知。一份大陪審團的報告如此描述：「神父強暴男童與女童，該為他們行為負責的神職人員不只束手無為，還隱瞞一切，長達數十年之久。」「教會領袖寧可優先保護虐童犯與教會機構。」[31]納薩爾也是一例，他在擔任美國國家體操隊醫師期間性侵了數百名年輕女性。瑞秋．丹赫蘭德（Rachael Denhollander）是率先公開性侵內幕的體操員，她告訴《紐約時報》：「性侵加害人仰仗社群的保護使受害者噤聲，維繫自己的權勢地位。這實在是屢見不鮮：我們對政黨、宗教團體、體壇、大學或社群要人的支持，導致我們選擇不相信或是背棄受害人。」[32]

不願發聲對抗社群成員的心態，有助於解釋真正採取行動者為何往往是外人。你或許還記得，史丹佛學生布洛克・透納（Brock Turner）當年性侵一名失去意識的女性時，從中阻止的是兩名瑞典籍研究生——當時他們騎腳踏車經過，正要去參加派對。

我在本章開頭講述了提摩西參加的兄弟會怎麼整人，兄弟會眾多成員又是如何對他漠不關心。但這並非當晚事件的全貌。調查人員在提摩西死後調閱現場錄影，發現寇德・戴維斯（Kordel Davis）這名學生在現場拜託大家去求助。寇德告訴美國廣播公司新聞台：「我開始慌了。提姆跌倒，卻只是那樣躺在沙發上。如果他跌倒，他需要的不該是躺在沙發……他得去醫院。我們應該打九一一。」[33]寇德只是大一新生，沒人理會他的一再請求。有人把他推到牆上，斥責他反應過度，又聲稱情況在控制之中。

是什麼原因使得寇德在那天晚上挺身而出，想辦法替提摩西求助，害他自己可能被兄弟會學長為難與恥笑？毫無疑問，有個原因是當年稍早寇德也曾在兄弟會派對中跌倒重傷，儘管頭部受創又血流不止，卻沒有人打九一一。因為他倆都在兄弟會的社交場合受過傷，寇德或許比別人更能對提摩西的遭遇感同身受。

不過，另一個因素或許也有影響：寇德是那個兄弟會唯一的非裔成員，也許他多少有種身為外人的感受。這表示他比較沒有從眾的壓力。雖然他求援的嘗試未能挽回提摩西一命，卻也證明了某些因素能促使人克服群體壓力。在本書的最後兩章，我們將回頭檢視哪些因素會促使人行動，不過，我們要先來看看充斥著沉默與袖手旁觀的三個領域——中小學、大學與職場，並且思考是什麼因素讓人無法直言不諱，怎樣的改變或訓練又會使情況有所不同。

2 加害人與旁觀者

第6章

學校篇：對抗中小學校園霸凌

讓學生獲悉同學對霸凌的真實感受

二〇一七年六月十四號，紐澤西州柯普蘭中學（Copeland Middle School）的六年級學生瑪洛莉・蘿絲・葛羅斯曼（Mallory Rose Grossman）因自殺死亡，徒留下雙親、三個手足與一個人丁興旺的大家族。[1]自殺雖然有諸多成因，瑪洛莉在學年中持續遭受的網路霸凌顯然脫不了關係。同班同學糾纏了她數月，利用手機、Instagram與Snapchat發送訊息，嘲笑她是沒朋友的魯蛇，其中一則訊息還要她自我了斷。

儘管要相信這樣的事實令人痛心，不過瑪洛莉的遭遇並非罕見。一項研究調查了因心理困擾送醫的青少年，結果顯示遭受霸凌的經歷與自殺念頭有強烈關聯。曾被言語霸凌的青少年，出現自殺念頭的比率是一般的八・四倍，至於曾被網路霸凌者有此意念的比率竄升到十一・五倍。[2]

霸凌看似校園生活無可避免的一面，但這並非必要之惡。在本章中，我們將檢視霸凌的心理成因，以及促使某些孩子勇於反霸凌的心理因素。最後將探討家長與校方能如何改變校風，希望我提供的策略可以根除造成瑪洛莉之死的行為。

對霸凌的了解與誤解

我兒子安德魯大概十、十一歲那時候，有天從袋棍球練習結束返家，向我吐露：他有個隊友在更衣室裡不斷嘲弄另一個孩子。我問安德魯有沒有叫那個小霸王停止，安德魯覺得我的問題很恐怖，說他才不想插手。為什麼呢？因為他不想要那人換成欺負自己。

舉凡更衣室、操場、校車，這種例子屢見不鮮。安德魯知道欺負人的隊友不應該，卻害怕可能會面對的後果而怯於反抗。針對霸凌的研究顯示，身在霸凌現場的學生大多是消極地旁觀，主動加入霸凌行列的學生又比插手阻止的更多。[3]

加拿大約克大學（York University）的研究人員以多倫多市數間小學為調查對象，側錄五到十二歲學童在操場上的互動，[4]接著檢視五十三起明顯為霸凌的事件，觀察其他兒童如何反應。他們發現，大多數霸凌都發生在有其他兒童在場時：八十％的事件有至少一名兒童目擊，平均目擊兒童人數是四人。在超過一半的事件中（五十四％），其他兒童都在一旁消極觀看；二十一％的案例有其他兒童加入霸凌，並出現肢體或言詞攻擊。年紀較大的男孩（四到六年級）比年幼男孩更有可能加入霸凌行列，也比任何年紀的女孩更常這麼做。

只有二十五％的事件有兒童出手阻止或勸退霸凌者。比起大男孩，一到三年級的女孩與小男孩最可能插手。干預霸凌事件的比率顯然有年齡與性別差異，這項研究並未直接檢視背後因素，但其他研究顯示，兒童對霸凌受害者的同理心會隨年齡漸長而消減。此外，女孩比男孩更容易注意到霸凌事件，並且視為事故而出手干預。[5]

兒童不願支援霸凌受害者或對抗加害人，並不令人意外，因為霸凌加害人通常是校園裡居最高社交位階的孩子。一項針對洛杉磯中學生的研究發現，霸凌能提高兒童在校園的社交地位與人氣，獲同學捧為「最酷」的孩子最有可能出現凶悍挑釁的行為。加州大學洛杉磯分校心理學教授賈娜·朱沃寧（Jaana Juvonen）如此總結：「酷小孩更常霸凌，經常霸凌他人的孩子又被視為酷帥人物」。[6]

霸凌之所以會持續，還有個原因是學生認為同學不在意。許多學生看到其他孩子被霸凌，暗自驚恐不已，卻誤以為別人的沉默是漠不關心甚至默許，這是出於第二章介紹過的誤判。威廉斯學院（Williams College）的瑪蓮．山史東（Marlene Sandstrom）與同事訪調過四百四十六名四到八年級生，請他們自述對霸凌的想法，認為同學又有何想法，此外也詢問若目睹霸凌會做何反應。[7]不出所料，學生一致低估了同學對霸凌的反感，並自認為比同學更反感，也就是他們其實覺得霸凌不應該，很欽佩挺身對抗霸凌者的學生。

這種對自我與他人認知的差距，八年級生比四年級生更明顯，此一結果也與其他研究發現相符，亦即學童會低估同儕對霸凌的反對，這種傾向又會在青少年時期漸增。認為同學比自己更認可霸凌的學生，較不會維護受害者，更有可能加入霸凌行列。對霸凌消極反應的傾向也隨年齡增長，部分是因為青少年更擔憂與同儕相異的社交後果。[8]

研究人員發現，認為同學會阻止霸凌的學生，自己挺身而出的可能性也高出很多。[9]事實上，一項針對超過五千名國高中學生的研究發現，想要預測學生是否有阻止霸凌的意圖，他們對社會規範的認知是更有效的指標，勝過他們自陳有這種信念。[10]與其違抗社群惹來社交報應，不如順從社群價值行事容易多。

從這個霸凌與社會規範的研究能看到，減少霸凌最有效的策略或許並非強調霸凌的負面後果，而是直接著手社會規範——讓學生獲悉同學對霸凌的真實感受。許多學生擔心對抗霸凌會害自己被排擠，或因為舉報而被視為「抓耙仔」。我們可以向學生解釋人的行為如何與真實感受不符，這種現象成因為何，藉此幫助他們了解為何會想像同學對霸凌較不以為意。如此一來，他們對普遍社會規範會產生更正確的觀念。學生明白其他同學也反對霸凌並欽佩反抗者後，或許會基於理解也挺身而出。

誰是反霸凌勇者？

中央國王鄉區中學（Central Kings Rural High School）位於加拿大新斯科細亞省的小鎮，二〇〇七年秋天，該校一名九年級男童選在他的高中始業日穿粉紅色襯衫上學，遭受難堪下場：多名學生說他是同性戀，威脅要揍他一頓。兩名十二年級學生大衛・薛弗（David Shepherd）與崔維・普萊斯（Travis Price）聽聞這起霸凌事件，決定出手阻止。大衛表示：「我只覺得真是夠了。」[11]他們發起一場「粉紅之海」活動，在鎮上的折扣商店買下五十件粉紅色T恤，寄電郵通知同學這場反霸凌活動，在隔天一早的上學時間發送T恤給同學。等那個被霸凌的男孩來到學校，看到的是幾百名學生都穿著粉紅色衣服。崔維如此描述那個男孩的反應：「終於有人為弱小的孩子挺身而出……他看來肩頭像卸下好大的重擔。」大衛和崔維的介入顯然扭轉了局面，再沒聽到那些霸凌者有什麼意見。

這個故事說明了學術研究發現的一貫結果：誰會挺身反霸凌？答案是握有社交資本的學生，這種資本綜合了同儕支持、師長支持與社交技巧等因素。一項針對六年級生霸凌行為的研究發現，出面維護霸凌受害者的學生，在校地位通常最高。[12] 促使大衛和崔維採取行動的具體因素雖不清楚，不過他們是高年級生，是中學裡享有優勢的位階。這類學生比較不用顧慮採取行動的後果，例如被報復或失去人氣，他們在校園社交界早已踏穩腳步。穩固的社交地位賦予他們抗霸凌的勇氣。

受歡迎的孩子會反霸凌嗎？現在的你可能有點難消化這個研究結果，因為本章稍早才說過人氣王通常是霸凌者。加州大學戴維斯分校的羅伯特・費理斯（Robert Faris）與賓州州立大學的戴安・費利（Diane Felmlee）探討的正是這項課題。[13] 他們使用縱貫研究法，針對北加州十九間國高中、超過三千五百名學生收集資料，檢視霸凌與學生社交地位的關聯。這項研究定義的霸凌包括打人與推擠等肢體動作，以及傳謠言、罵人等較輕微的行為。

首先是好消息：在學者收集資料的三個月期間，有三分之二的學生沒有遭受霸凌。

接下來是沒那麼好的消息：根據校內社交地位排序，從中等地位起到最高的百分之九十五位數，這個區段間的學生被同儕盯上、成為霸凌對象的機率增加了二十五%以上。社交地位再高於這個區段，被霸凌的機率就驟降很多。這個調查結果原因為何？研究人員認為，學生用霸凌來獲取（或至少是維持）社交地位與權力，實作上是藉由折磨稍具人氣的同學來達成，不過一旦他們穩居風雲人物之首，就無須再捍衛自己的地位。本研究第一作者費理斯表示：「如果把社交地位比喻為金錢，他們有如盤據富翁寶座的比爾·蓋茲，不必為了力爭上游而折磨同儕，也就是還在爭取地位的學生常用的手段。因為他們已經登頂，高不可及也毫無對手，自不會成為受害人。」[14]

用反霸凌運動人士羅伯·費納（Rob Frenette）的話來說：「霸凌常被當成社交工具。」[15]社交階級頂層的少數學生才能確保人氣不減，承受得起為霸凌受害人站出來的風險，這些善舉甚至還能穩固他們的地位。

還有哪些指標能預測反霸凌的意願？答案是自信。自我效能感（self-efficacy）高的人，相信自己有能力達成目標，較有可能出手干預霸凌。[16]這在某種程度上並不令人意外。社交自我效能感包含當眾發言和交友的信心，想預測青少年支援被霸凌同儕的意願，這些都是格外重要的指標。學生若相信自己的努力能阻止霸凌，更可能會採取行動。自信的孩子或許也比較不擔心成為霸凌對象。

最後，對個人社交技巧有自信的學生也較能反霸凌。東伊利諾大學（Eastern Illinois University）的研究人員對中學生進行過訪調，檢視那些自承維護過霸凌受害人的學生有何共同點。[17]受訪學生將近三百人，要回答過去三十天內有多常替別人主持正義，例如對學生破除某個謠言。他們也要自評對個人社交技巧的信心，包括溝通能力、魄力與同理心等面向。自認有較多同儕支持的學生，表示曾對霸凌受害者伸出援手的頻率也更高。這些學生因反對不良行為而承受的社交風險偏低，或許也因此在指責霸凌行為時會較從容。

勇於反霸凌的學生對個人社交技巧也有自信，這極有道理：挺身對抗霸凌並不容易，其實需要多種技巧，包括同理受害人的能力、對霸凌者採取果斷行動、挺得住恥笑，也能有效表達霸凌者的行徑為何必須停止。

減少霸凌的策略

我的三個孩子都參加過一個以「他人優先」為座右銘的夏令營。那個夏令營有許多優點（現在也一樣好），例如「禁用電子設備」的規定，不過這句座右銘對我是最大亮點之一。它不只是對焦慮的父母行銷時說的話術，它確實具體而微地代表營隊的決心：輔導兒童與甫入青春期的孩子為人設身處地著想。成效最卓著的反霸凌計畫就是想建立這種風氣，讓學生真心彼此同理，從而避免成為霸凌加害人，並且在目睹這類行為時出面主持正義。

現在，讓我們來考量一些家長與學校能運用的策略，這些策略可以授予孩子反霸凌的工具、激發他們挺身的意願。在電影「濃情巧克力」（Chocolat）中，年輕的亨利神父剛在小鎮落腳，他特別為復活節發表了凝聚鎮民的布道，與前任神父偏好傳揚的分化觀點恰成對比。鎮民原本以排斥外人來肯定自己，不過亨利神父的話精準呈現了從排斥轉為包容是何等可貴：「我認為，我們不能以自己沒做的事來衡量自己有多善良，也就是我們否認、抗拒與排擠了什麼。我認為，要衡量自己的善良，必須反思自己接納、創造與包容了什麼。」

根除了霸凌的學校，或至少大幅減少了霸凌的學校，都成功孕育出一種思想與校風，與亨利神父說的多元包容和積極作為不謀而合。

訓練旁觀者

霸凌在許多中小學十分猖獗，但並非無可避免。實施全面性反霸凌計畫的學校已看到顯著改善。一項研究分析了十二個在校內實施的預防霸凌計畫，涵蓋近一萬三千名幼稚園到十二年級的學生，發現特別著重於訓練旁觀者的計畫，能明顯增加學生插手調解的行為。[18]

柏林工業大學的研究人員調查了盧森堡校園的霸凌發生率，以五到七年級的班級為對象，其中二十二班上過有組織的旁觀者介入訓練計畫，另外二十六班則未受訓。[19]訓練計畫教導學生袖手旁觀的害處，培養他們的同理心與社群責任感，也做實際演練與角色扮演活動，藉此教孩子應對攻擊。他們讓一般教師先接受十六小時訓練，再由老師訓練孩子，每週要上兩堂課，總時數十六到十八小時。

學生在受訓前後都接受訪調，以了解有多常目睹口頭、肢體或人際攻擊行為。訪調也假設多種霸凌情境，詢問學生目睹狀況時的干涉意願，其中一例如下：「想像你在學校裡玩，看到有個跟你同年紀的男生獨自站著，另一個男生突然走過去一直推他，害他跌倒好幾次。被推的男生沒有還手自保，當他想走開時，推人的男生卻抓住他、用力打他。」研究人員也評估了老師實際講授這些教材的時數（有些老師只花二到四小時，另一些則是十三到十八小時），以及老師自認教授訓練手冊內容的完整程度。

首先是好消息：學生受訓時數越長、學習內容越深入，三個月後的追蹤調查回報的霸凌受害率較低，說自己看到霸凌時只是消極旁觀（例如無視或走開）的比率也較低。接下來是不太好的消息：即使受過長期密集訓練，也沒能幫助學生真正挺身對抗霸凌加害者。雖然這個結果令人失望，倒也指出了要人冒社交或人身風險反霸凌確實困難。

還是有個絕對令人較振奮的消息：訓練計畫若是針對較輕微的攻擊或恐嚇，似乎更有效——這些行為往往是霸凌的前身。諸如逗弄、罵人、傳謠言與其他排擠閒話，這類人際攻擊造成的痛苦堪比肢體霸凌，老師和學生卻可能覺得這不算特別有害。

威契塔州立大學（Wichita State University）與華盛頓大學的研究人員檢驗了反霸凌計畫「邁向尊重」（Steps to Respect）的成效，該計畫強調反抗輕度霸凌的重要性，例如惡意八卦與排擠，並且為師生提供訓練，教導他們目睹人際攻擊該如何反應。[20]學生會學到報復不是最好的方法，因為這往往會惡化成不良行為，更好的選擇是堅定地對霸凌者說「住手」。受訓學生也會學到，沉默旁觀在無意間會讓人以為支持霸凌，即使他們根本不贊成眼前狀況。研究人員在西雅圖的六間小學觀測，以掌上型電腦逐秒記錄操場上的三到六年級學生，先在秋季記錄十週，在計畫實施後又於春季記錄十週。研究人員計算了學生對同儕說出的所有詆毀或損人言語，例如：「那個長虱子的女生在你們班嗎？」，或是「你有聽說丹考試作弊嗎？」

結果委實振奮人心：計畫實施後，整體的惡意八卦比率劇降七十二％。這表示八卦減少了兩百三十四例，被謠傳的學生減少了兩百七十例。鼓勵兒童對輕度霸凌做出反應，或許有助於他們習得應對技巧，在面對明目張膽的霸凌時較能有效反應（也較有意願反應）。這也許能改變校園風氣，讓學生不致感到被排擠，霸凌事件也隨之減少。

改變校園文化

到目前為止，我主要在強調社會規範如何抑制反霸凌的行動，不過規範本身也能用於減少不良行為。哈伯威廉史密斯學院（Hobart and William Smith Colleges）的衛斯理・帕金斯

（Wesley Perkins）與同事以宣傳海報為工具，嘗試在紐澤西州五間公立中學改變霸凌的社會規範。[21]這些學校的學生一致誤判了霸凌的普遍度與同學的觀感：不論是同學擁護霸凌的程度或霸凌的發生率，在他們心目中都比實際來得高。認為霸凌較普遍的學生，本身也較擁護霸凌，且更可能成為加害人。

為了化解這些誤判，研究人員在各校張貼大型海報，公開學生對霸凌的真實感受。海報的資訊簡單明瞭，空格填入的是各校校名：

- ○○中學的大多數學生（四人中有三人）不會為了整某人而把對方排擠到團體外。
- ○○中學有九十五％的學生表示，學生不應該惡意捉弄人、說傷人的話，或是傳播刻薄的謠言。
- ○○中學的大多數學生（十人中有八人）認為，如果是自己或別人在學校被霸凌，學生應該告訴老師或輔導員。

在海報張貼後進行的調查顯示，如此簡單的反霸凌策略成效卓著，不論是針對霸凌事件或學生自覺受害的舉報都減少了。看到海報的學生愈多，校園的改變愈顯著：在大多數學生都記得看過海報的學校，霸凌行為估計減少三十五%；至於看到海報的學生最少的學校，該比率是二十六%。由此可見，減少校園霸凌的策略之一，或許是讓學生知道同儕對霸凌的真實想法，藉此改變他們的觀感與態度即可。

針對一小群精心挑選的學生量身打造課程，也能改變校園社會規範。培訓校園內有影響力的學生（所謂的社群紅人），是否能改變霸凌社會規範？來自普林斯頓、羅格斯（Rutgers）與耶魯大學的一個研究團隊就檢視了這個策略的效果。[22]研究人員期望，如果人氣學生可被說服採取堅定的反霸凌態度，或能改變同儕的態度與觀念。

該團隊推行以同儕影響力為基礎的「根基」（Roots）反霸凌訓練計畫，地點在紐澤西州的數間中學，各校的受訓時間隨機分配在學年初或學年末（如此一來就能在下學年展開行動）。他們用「社交網絡定位」（social network mapping）來辨識校內人緣最好的孩子，也就是請學生列舉花最多時間相處的十名同學，研究人員再比對出哪些學生的人脈最廣。最受歡迎的學生未必跟最多人有交情，大體而言，最有影響力的學生處在較世故的社交網絡裡，家庭背景也較富裕。

接下來，研究人員邀請各校社群紅人參加根基計畫，大約有二十二到三十位不等，訓練他們處理同儕衝突並鼓勵帶起全校宣傳運動。「根基」非常強調個人能發揮的作用，提供學生反霸凌運動的基本素材，用於設計他們自己的版本。有一組學員在Instagram上創造了#iRespect（我尊重）標籤，強調包容，並且在校園裡張貼有這標籤的彩色符號。另一組學員做了亮麗的橡膠手環，印上根基的標誌；根基成員只要看到有人出手調停衝突或幫助其他學生，就會送給主持正義的學生一枚手環，上面的標籤寫著「根基人看到你表現精采」。還有一組學員舉辦為期一天的「根基日」園遊會，透過海報、手環與贈品推廣這個訓練計畫，鼓勵學生連署聲明會善待同學。這些活動的立意都是要凝聚學生、強調正面行為的益處。

研究人員在年底比較了有無推行根基計畫的學校，檢視兩類學校的學生衝突發生率。結果顯示根基計畫極為成功：即使只訓練了全校大約十%的學生，在推行該計畫的中學，學生衝突與違規的舉報減少了三十%。主持這項研究的普林斯頓心理學教授伊莉莎白・帕拉克（Elizabeth Paluck）指出：「想要傳播訊息，可以運用巧思針對特定對象。你應該針對社群指標人物，因為他們較受同儕關注，一舉一動有如指引信號，讓人知道什麼是社群認為多多益善的正常行為。」[23]

根基計畫還有一個優點：它不必對全體學生推廣反霸凌訊息，對校方來說，這比多數方法更容易實行。根基計畫是挑選特定學生培訓，例如全校五到十％的學生，人數少，再讓學員發想內容並向全校宣傳。訓練受歡迎的少數成員向社群傳達訊息，類似手法已證實能促進其他的社會改變，例如安全性行為與減少偏見。[24]

奇娃計畫

如果你能說動風雲學生，藉由他們之手使霸凌顯得很遜，就能反轉校風。此外還有一個方法，完全無須針對霸凌就能加以遏止：只要教學生當好人就行了。

奇娃（KiVa）是最廣為人知的反霸凌計畫之一，發源於芬蘭。在芬蘭語中，「Kiusaamista vastaan」的意思是「反霸凌」，「kiva」則是「善良」的意思。計畫內容包括討論、團體作業與短片，用意是減少負面的旁觀行為，藉由增強學生的同理心、自我效能與反霸凌思想，提升主持正義的行為。奇娃的課程包含增強同理心的角色扮演練習，以及電玩遊戲與模擬情境，學生玩遊戲時得思考自己會如何介入情境。學生要控制動畫分身人物，在遭遇各種霸凌狀況時，選擇是否採取行動與如何行動。在一個練習活動中，學生要想像看見另一個孩子被猛推到置物櫃上，並說出自己會怎麼做；另一個練習中，他們要思考如果有新生想交朋友，他們會怎麼做。這種方法讓學生得以嘗試不同選項並增強自信，知道若目睹霸凌該怎麼做，同時也能培養對受害者的同理心與支持。

最重要的是，這個計畫很管用。事實上，一項針對全球五十三個反霸凌計畫的統合分析發現，奇娃是最有效的計畫之一。[25]與推行奇娃計畫的學校相較，在未推行此計畫的學校，學生表示曾被霸凌的比率將近兩倍。奇娃雖然始於芬蘭，如今已推廣應用，在義大利、荷蘭、英國與美國都有。

奇娃計畫也更廣泛改善了心理健康。一項研究調查以芬蘭的兩類學校為對象，一類實施奇娃計畫，另一類提供學生如何減少霸凌的資訊，但全面性遠不及奇娃。研究人員比較了七十七所小學、超過七千名學生的自尊高低與憂鬱症比率，發現奇娃計畫與較高的自尊和較低的憂鬱症比率相關，最常遭霸凌的學生尤其受益。[26]雖然這結果在意料之中，研究人員認為奇娃不只改善了老師處理霸凌的能力，也增加了學生同理受害人並出面主持正義的能力，使受害學生感到在校園中獲得更多支持。研究第一作者朱沃寧寫道：「亮點在於，這個全校性計畫對最需要援手的兒童來說非常有用。」[27]

打造穩固的人際關係

另一個證實能減少霸凌的有效策略，是培養穩固的師生關係。覺得有大人支持的學生較會舉報不良行為，讓教職員有機會及早介入。[28]學生感到有老師的支持、鼓勵與接納，也更能維護霸凌受害者。[29]因此，校方應優先輔導師生建立溫暖關懷的關係。

大人如果輕忽不良行為，學生就找不到理由舉報（他們沒理由認為有人會出面阻止），霸凌者也會覺得這是鼓勵他們繼續。[30]老師如果認為霸凌是常態、是青春期早期的必要之惡，就不太會出面干預。這種態度會影響學生也袖手旁觀，[31]導致這些老師的學生會承受更多霸凌。如果老師認為霸凌受害者應該自立自強，將在教室裡形塑一種氛圍，使學生對受害人較無同理心，也會表示自己比較不想插手。因此，老師對霸凌的看法在校園中會產生漣漪效應，讓風氣轉好或轉壞。

有個鮮明的例子能說明校園文化如何影響學生對霸凌的反應。一群研究人員以美國東南部中低收入地區公立學校為對象，調查六到九年級學生與家人、同儕與老師的關係。[32]受訪學生要閱讀八個不同的情境描述，主題都是某種攻擊行為，例如網路霸凌、被團體排擠，或是遭到逗弄與惡意八卦。學生要評比對各種行為的接受程度，和他們對自己出手干預的接受程度；學生也要估計自己出面反應的可能性，以及會怎麼做。他們是直面做出這種行為的人嗎？還是會走開不理？除此之外，學生也要回答一系列關於家庭與學校的問題：他們有很多家規嗎？如果違規會怎樣？喜歡自己的老師嗎？在學校有沒有受到公平對待？

結果顯示，學生是否有意出面回應惡行，人際關係有重大影響。覺得自己被老師偏心薄待，以及／或是被同學排擠的學生，表示會介入霸凌並幫助受害者的比率較低，也表示會對霸凌視而不見。自認師生關係良好的學生，表示會挺身行動的可能性高出很多。有其他研究顯示，人際連結感可增加高中生插手阻止霸凌的意願，上述研究結果也不謀而合。所以說，在學校創造更強烈的人際連結感，例如積極培養互相尊重、共同責任感與社交包容，或許能大為改善中學生普遍的冷漠心態。[133]打造溫暖支持的校園環境，加上願意信任學生的老師，有助學生更自在地向大人舉報霸凌，也能賦予學生親自挑戰霸凌者的勇氣。

這項研究也彰顯出良好家庭關係的價值。自述與家人關係親密的學生，表示會介入阻止霸凌者的比率較高。不論是在家庭、學校或其他地方，與成人關係良好似乎增加了青少年主持正義的意願。該研究第一作者、北卡羅來納州立大學教授琳恩．穆維（Lynn Mulvey）表示：「由本研究可知，學生是否認為霸凌是不當行為並插手阻止，家庭與學校因素都很重要。論及對付霸凌，本研究突顯出正向校園環境與優良教師的價值，以及家庭支持的重要性。」[34]

本章始於瑪洛莉遭到霸凌的經歷，以及這種行為又是如何被她就讀學校的學生、教職員與管理階層忽視。如果在一所學校裡，學生能夠無懼地向老師舉報目擊的惡行，並且會親自出面對抗霸凌者，這起事件的結局會有多麼不同。當初校風若是有所改變，或許就可以挽救瑪洛莉的生命。

第7章

大學篇：減少大學的不當性行為

破除對男性雄風抱持誇大的理想

戴塔．卡帕．艾普西隆兄弟會（Delta Kappa Epsilon, 簡稱ＤＫＥ）於一八四四年在耶魯大學成立，是美國歷史最悠久的兄弟會之一。ＤＫＥ以社區服務與領袖的文化自豪，許多政商要人曾是會員，包括美國的六位總統、七位副總統，與四位最高法院大法官。老布希與小布希總統和大法官布雷特．卡瓦諾（Brett Kavanaugh）都曾參加ＤＫＥ耶魯分會。

然而在多年間，ＤＫＥ各地分會有無數成員的劣跡在媒體大量曝光，例如在參加入會考驗的新人身上撒尿，或是騷擾（甚而強暴）女性。二〇一〇年十月，ＤＫＥ的新會員被蒙住雙眼，站在耶魯女性中心外頭反覆吶喊「不要就是要，要就是肛交」，以及「死賤貨」。這次事件後，ＤＫＥ被禁止在校園活動五年。

等ＤＫＥ在二〇一六年重返耶魯，會員們表示，那起事件是一次寶貴的教訓。如同時任

ＤＫＥ會長路克・沛西凱提（Luke Persichetti）對《耶魯日報》（Yake Daily News）記者所說：「我認為禁令對會內風氣有正面影響。現任會員都知道禁令的緣由，也對會內風氣從那時起的改變有很大貢獻。」[1]寶貴教訓的效力似乎持續不久，僅僅五個月後，沛西凱提在他位於ＤＫＥ之家的臥房內，對一名女性「未經同意強制侵入對方身體」。校方舉行訓導聽證會後判定沛西凱提罪名成立，強制休學三學期。禁令解除後的兩年間，另有八名女性檢舉ＤＫＥ會員的不當性行為。

某種程度而言，舉凡兄弟會、運動隊伍、樂團、軍隊，純男性團體行為不端的消息實在不令人意外。令人意外之處或許在於，即使兄弟會或團隊的多數個別成員並不支持某種惡行，甚至大半成員都不支持，不當行徑還是持續不絕。研究顯示，只有極少數男性曾真正犯下性侵，問題在於其他男性鮮少插手阻止。[2]本章將探討是什麼因素導致男性誤以為其他男性不僅支持、也會發生不當性行為，並將檢視大學與高中能運用哪些策略，以協助學生轉換思維並採取行動阻止性侵。

純男性團體之惡

純男性團體與針對女性的性暴力，已經確定有所關聯。[31]純男性組織的成員（尤其是體育隊伍和兄弟會）對性暴力的想法較正面，更接受強暴迷思，也會出現強烈攻擊的性行為。為了與無意願或未同意的女性性交，他們較會使用酒精、藥物與口頭威脅為手段，也更可能性侵他人。[4]一項研究以美國國家大學體育協會第一等級的三十間大學為對象，發現男性運動員雖僅佔學生人數的三%，卻在所有校園性侵案加害人中佔十九%。[5]

美國東南部某間國家大學體育協會一級大學是大型公立學校，該校研究人員募來大學部男生參與線上調查，詢問他們對女性、強暴迷思接受度與性行為的看法。[6]與非運動員相較，運動員對性別角色觀點較為傳統，例如認為女性應該少操心平權問題、多想想如何當個好太太與好母親；也更相信強暴迷思，例如女性喝醉或沒還手就不算強暴。最重要的是，運動員更可能出現強迫型性行為（堅持與不想要的伴侶性交，或是口出威脅、霸王硬上弓）：五十四%的運動員表示有過類似行為，非運動員則是三十八%。

運動員與兄弟會成員跟女性往來時，為何有多達不成比例的人是性侵加害者？

有個解釋是，男性看待女性的觀點如果比較物化，自然傾向受這類團體吸引。凱尼恩學院（Kenyon College）的研究人員前往兄弟會與非兄弟會學生的臥房，拍下房內出現的所有女性影像，諸如海報、廣告、螢幕保護程式等等，[7]發現大致而言，兄弟會成員在房內展示的女性影像顯然較多，尤其是具有性意涵與貶抑色彩的圖片。這些圖片有許多出自《花花公子》（Playboy）、《美信》（Maxim）、《史塔夫》（Stuff）這類把女性描繪為性工具的雜誌。參加運動隊伍的男學生，對女性的看法也比非運動員更保守與傳統。[8]

這是個雞生蛋、蛋生雞的問題——他們是先心懷鄙視，還是先加入了兄弟會或運動隊伍？無論何者，天生氣質都無法解釋一切。心理學家發現，參加純男性團體愈久，年輕男性發生侵犯型性行為的可能性愈會增加。根據一項在某間大型州立大學所做的研究，從大一開始參加兄弟會的男學生，在大三時表示因同儕壓力而性交的比率，比非兄弟會會員高得更多，也更可能相信別人會認可侵犯型性行為，例如為了上床把女性灌醉。[9]所以說，事情不只傾向物化女性的男性會受到純男性團體吸引：在那些團體待多久也有關係。

然而，純男性團體與認同侵犯型性行為的觀點養成，兩者的關聯有另一個解釋：這類團體對男性雄風抱持誇大的理想，從而對成員造成直接或間接的壓力。一項統合研究分析了二十九份研究，都在檢視男大生的體育活動參與、兄弟會成員身分與侵犯型性行為的關聯，發現不論參加哪一種純男性團體，懷抱男子氣概理想的比率都較高。[10]這些理想包括冒險犯難、避免刻板女性化的任何事物、作風強硬有狼性。[11]

參加兄弟會或運動隊伍似乎會讓人養成某種印象，覺得某些行為較受到推崇。這或許讓成員感受較大壓力，迫使他們物化女性，並出現狂飲、與多重性伴侶發生關係等風險行為。[12]一項研究以美國東南部某大型州立大學的學生為調查對象，發現二十五%的兄弟會成員認為，有超過十位朋友曾灌醉女性或給女性用藥，以便與對方發生關係；然而，未參加兄弟會的男學生只有不到十%這麼認為。[13]比起非兄弟會成員，兄弟會男生更有可能認為，朋友會讚許他們在學年間與多名女性發生關係（比例是五十三%對七十%），認為朋友會反對的比率也較低（分別是十九%比八%）。

對傳統男子氣概的尊奉，似乎也正當化了各種侵犯型性行為。密西根大學（University of Michigan）的研究人員以兄弟會與非兄弟會男大生為對象，比較兩者尊奉男子氣概的壓力，還有對侵犯型性行為的看法。[14]結果令人相當沮喪：每種測驗指標都顯示，兄弟會成員看待女性的觀點都比非會員物化。兄弟會成員更堅信傳統的男子氣概規範（「若是可以，我會經常換性伴侶」、「如果有人錯把我當同志，我會非常生氣」），也覺得遵循這種規範的友情壓力較大（這些壓力包括「表現得我無時無刻都想上床」、「避免做任何娘娘腔的事」、「一次喝好幾杯烈酒」）。他們也較支持物化女性（「男人可以盯著一個陌生美女的身體」、「根據身材誘人程度給女人打分數很有趣」），並且更接受強暴迷思（「女生初次約會就去男生家，表示她願意上床」、「女生都暗自希望被強暴」）。他們也更願意發生欺瞞式的性行為，例如跟人上床只為了能向朋友吹噓，或是虛情假意說「我愛你」來換得打炮。

冒險犯難是證明男子氣概的一種方式，這促使許多男大生飲酒過量，又因為酒精會降低自制力，或許導致性侵更容易發生。[15]有項調查以美國東北與中大西洋地區四間大學院校的男學生為對象，發現學生若奉行較推崇男子氣概的社會規範，同時也會大量飲酒、出現侵犯性最強的性行為。[16]其他研究也證實，學生在參加兄弟會第一年期間的狂飲頻率增加愈多（狂飲是指兩小時內喝五杯或更多），性侵行為也會更頻繁。因此，兄弟會成員高比率的性侵行為或許有另一個解釋：他們飲酒無度的比率顯著較高。

與其他純男性團體相較，運動隊伍和兄弟會的性別歧視跟侵犯型性行為更加普遍，這或許也因他們更堅決強調傳統的男子氣概理想。比起混合性別的團體，性別歧視在純男性團體雖然比較常見，普遍程度仍會隨團體性質有明顯差異。純男性歌唱團體較少傳出性暴力行為，即便是純男性運動隊伍，研究也顯示某些隊伍（美式足球、冰上曲棍球、籃球）的強迫性行為發生率高於另一些（高爾夫球、網球、游泳）。[17]由此看來，純男性團體若沒多強調要採用或尊奉男子氣概規範，成員也較不會覺得自己非得物化女性、狂飲、霸王硬上弓等等。

令人難過的是，純男性團體會採取更性別歧視的觀點、從事偏侵犯型的性行為，這種傾向並不限於大學生。皮尤民調中心（Pew Research Center）二〇一七年的一項調查發現，比起女性為主或男女混合的職場，在男性佔大多數的工作場合，女性較少覺得自己獲得公平對待，也較容易被性別歧視。[18]男性佔多數的職場，女性也較容易說性騷擾成為困擾；男性為多的職場，有此表示的女性為四十九％，在性別比例平衡的職場是三十四％，女性為多的職場是三十二％。

政治科學家克里斯多夫・卡波維茲（Christopher Karpowitz）與泰莉・曼德堡（Tali Mendelberg）合著了《無聲的女性：性別、省思與機構》（The Silent Sex: Gender, Deliberation, and Institutions），書中提到男性佔多數的各種機構都傾向發展出不良社會規範。[19]美國參議院就是個例子：美國只有二十位女參議員，陸天娜（Kirsten Gillibrand）是其中之一，她曾詳述無數男性參議員的性別歧視事例。[20]在她減重二十三公斤之後，一位男議員曾捏捏她的肚子說：「接下來別再瘦太多啦，我喜歡肉肉的女生。」另一位男議員則鼓勵她繼續健身，「因為妳不會想變肥的」。參議院多數黨領袖哈利・瑞德（Harry M. Reid）曾在一場募款活動中說她是「最辣的參議員」。

在男性主導的其他領域，例如矽谷的風險基金投資界，類似的性別歧視與行為也屢見不鮮。資產管理界的女性會受到客戶、同事與上司的性騷擾。[21]一名男性資產經理指出：「在只有男性出席的會議上，性別歧視與貶損的評論依然多得可悲。」來自矽谷的報導幾乎如出一轍。[22]在營建業與其他男性主導行業，從業女性也表示騷擾猖獗。[23]

不當性行為無疑很常發生，尤其在純男性團體，不過我們接下來會看到，這種行為或許並非我們所想的那麼常見——導正這種誤判加上技巧訓練，有助於減少不良行徑、促使人在目睹事發時出面干預。

面對少數強勢意見的挑戰

從前我在史丹佛念大學時，參加過一場宿舍舉辦的約會強暴工作坊，重點是合意性行為：進行任何性行為之前，都要給予對方同意，也要獲得對方同意。工作坊帶領人解釋，如果伴侶說「不要」或「住手」，你仍執意與對方發生性關係，這就算是強暴。

在場有個男生是風靡校園的運動員，他舉起手來，不敢置信地說：「不會吧？照這個定義，每個跟我上過床的人都被我強暴了。」我覺得他的話很恐怖，決定要避開他，可是多數學生大笑出聲。他顯然覺得自己的話沒什麼不對，或許他認為很多人也如是想。

然而有眾多研究顯示，在西方國家，諸如「不要就是要」、「女人穿得很暴露，有麻煩是自找的」，不論對男女來說都非普遍想法。許多男性私下認為性騷擾很討人厭，卻以為（其實是誤以為）別人讚許這種行為。[24]瑪麗華盛頓大學（University of Mary Washington）的研究人員請男性受訪者評比個人對女性的觀念，以及對性別歧視行為的不悅程度，接著又請他們評估其他男性對相同問題的想法，例如同校男生和一起填問卷的男性友人會怎麼想。就這兩例而言，受訪者都高估了對方會有的性別歧視觀，也低估了對方對性別歧視行為的不悅感。男性受訪者估計其他男性的平均分數是十七．一，在性別歧視不悅感的量表上，這個分數落在中點（最不悅是三十五分），但真正的平均分數其實是二十三．五。男性受訪者也以為朋友比實際上更接受性別歧視：他們給朋友打的平均分數是二十一．六，但朋友為自己打的分數是二十三．六。

為何在男性眼中，就連好友都比實際來得更歧視女性？有個因素或許是男性怕被嘲笑、論斷或排擠，不願意公開反對這類觀點。校園訪調揭露，男學生未插手阻止性暴力事件，最常見的理由是顧慮評價，害怕被嘲笑或奚落，尤其是不想在其他男性面前顯得軟弱。[25]男性如果低估同儕對性別歧視與性騷擾的不悅感，或許會害怕指責冒犯言論與不當行為的後果而保持沉默，從而又造成大家都同意的觀感，但實際上並非如此。在兄弟會與純男性團隊中，這種不置一詞的傾向或許特別強烈，因為成員可能怕被排斥。

另一項研究的學者以男大生為對象，請他們與一名好友一起自評對女性、強暴、性騷擾的觀念。[26]兩名學生要為自己對常見強暴迷思的同意程度評分，例如「女生穿很撩人的衣服參加派對，是在自找麻煩」、「如果女生沒有還手抵抗，就不完全算是強暴」、「如果女生在派對裡跟一個男的單獨進房間，結果被強暴了，這要怪她自己」。他們也要自陳是否曾對女性做出各種強迫型性行為。接下來，他們要再度填寫相同的評量問卷，這次要假想好友會如何回答；

然後研究人員要他們假想一般男大學生的看法，填寫第三次問卷。

這份研究的結果提供了更多證據：男大學生誤判了同校男性對性別歧視與性騷擾的真實想法，就連對好友也判斷失準。大多數受訪學生認為，同學對女性的看法比自己更負面，也更認同強暴迷思。這是典型的人眾無知：單獨問任何一個學生，他們會說物化女性與性騷擾令人難以接受，卻認為同儕很能接受這類想法與行為。

表示自己曾性騷擾別人的男性，也認為其他人能接受這類行為。一項針對性騷擾的研究發現，性騷擾過他人的男性有五十四％認為好友也曾這麼做，沒性騷擾過他人的男性只有十六％如此認為。[27]這種認知差異不禁讓人覺得應該是反映了現實——物以類聚，曾性侵他人的男性較可能有這種朋友吧。但事實並非如此。比起沒性侵過他人的男性，有性侵紀錄者誤會朋友也這麼做的比率將近三倍。這種誤判會導致嚴重後果，研究指出認為其他男性贊同霸王硬上弓的男人，自己更有可能做出這種行為，即使在受訪多年後也是如此。[28]

這說明了什麼？真正認同性侵也曾性侵他人的是少數男性，他們高估了這類行為獲得的支持，以致相當坦然地表達這類想法。不幸地，因為他們太樂於表達性別歧視觀，讓其他人以為這類想法比實際來得普遍，若性騷擾犯的地位崇高效果更強，而運動隊伍與兄弟會成員通常就享有這種地位。

研究已經證實，認為其他男性普遍接受性騷擾，會抑制人阻止這類行為的意願。二〇〇三年，西華盛頓大學（Western Washington University）的研究人員以男女大學生為對象，調查他們對合意性行為的重要性觀念為何、阻止性騷擾的意願、覺得同儕對這兩件事抱持怎樣觀念。[29]結果發現，男女學生都表示非常重視獲得同意，也覺得尊重對方意願很重要，不過男大學生一致低估了合意性行為在其他男學生心中的重要性。關於干預或阻止性侵的重要性，男女學生自述的觀念並沒有差別，不過在這個問題上，男學生再度低估了其他男生阻止這類狀況的意願。前面提到的研究顯示，男性傾向認為其他男性比自己更不在乎合意性行為，也更不願阻止性騷擾，而這份研究得到相同結果。

很不幸地，這種誤判會削弱男性主持正義的意願。要知道男性是否願意出面阻止不當性行為，比起自陳對性騷擾的態度，他們對其他男性的想法有怎樣判斷是更好的預測指標。[30]其他男性若是在眼前騷擾女性，他們特別有可能保持沉默。

喬治亞州立大學（Georgia State University）的研究人員設計了一個巧妙的實驗，觀測受試者干預性騷擾的意願。[31]他們募來一批男大學生，說要讓他們參加一項研究，檢視性別、情緒與對外國電影的想法。每名受試者都被告知要與另外三名男性同組，一起選出給某位女性觀看的一段短片。受試者要觀看取自不同電影的兩段短片，並選擇他想讓那名女性觀看哪一段；一段有露骨性愛情節，另一段沒有。研究人員告訴受試者，最終會從四名男性組員的選擇隨機挑出，此外又讓受試者得知，那名女性的檔案顯示她不喜歡有露骨性愛的電影。

受試者選好短片後被帶到另一個房間，加入三名其他男性，他們都是實驗員的暗樁。後來那名女性（也是暗樁）短暫進入房間，像是不小心走錯。其中一名男性暗樁在她離開後，會依實驗設計說出兩句評語之一，一句是帶物化色彩的「哇噻，我想上了她」，另兩名暗樁會表示同意；另一句是中性的「哇噻，那女生看起來好像我室友的姊妹」。接下來，研究人員告訴這群男生：最後隨機選出的是有露骨性愛片段的電影，他們要透過網路攝影機觀看該女性試片的反應，其間隨時都能用鍵盤終止影片播放，按鍵就在受試者旁邊（他們看的其實是那名女性演出的預錄影片）。研究人員接著觀測受試者是否會按停影片，會的話又過了多久。

聽見物化評語的男學生，按停影片的比率顯著較低：聽見中性評語的男學生有三十五%出手按停，聽見物化評語的男學生卻只有十五%這麼做，也等了較久才按停。研究人員在結束後說明實驗真正目的，從部分男學生的回應可以看到，在同儕面前表現男子氣概的壓力，影響了他們按停的決定。有個受試者指出：「那個女生看起來很不自在，我知道可以停止播片，最後也這麼做了，不過在一個滿是男生的房間裡，壓力比較大。我感覺他們好像在說：『真男人就會開心看下去。』」[32]

由此可見，看到同儕在面前說「更衣室真心話」，似乎會抑制男性出面阻止性騷擾行為。

減少性侵的有效策略

到目前為止，我都著重於純男性社團有很強大的力量，足以創造性別歧視觀並加以維繫，即使許多個別成員並不支持這種觀念。那麼，為何這些歧視規範歷久不衰？我有個學生是籃球校隊隊員，最近跟我提到他每天都在更衣室裡聽到有人語出攻訐，不解地說：「為什麼我聽到這些話有時會回嘴，有時不會呢？」他心知那些話很冒犯，卻未必每次都出聲反對。他有所不知，其他隊友很可能也覺得那些話很惱人，卻同樣保持沉默。

在本章最後一部分，我們要來看高中與大專院校能使用的一些策略，可以幫學生在目睹同儕問題行為時挺身而出。美國總統巴拉克·歐巴馬（Barack Obama）曾在二〇一四年的演說中提到這類策略之必要：「我們必須敦促年輕男女了解，性侵是完全不能接受的行為。他們必須鼓起勇氣挺身反對性侵，也要表達這種想法。迫使人保持安靜或順從的社會壓力或許很強烈，但這種時候尤其要有所作為。」[33]

糾正社會規範誤判

證據一再顯示，男性以為其他男性比自己更接受性別歧視與性騷擾，這種觀念使他們不願出聲反對，因此想減少性暴力，顯然該從糾正這種誤判著手。近年來已有多個計畫成立，致力於協助男性了解：少數男性極端的想法與行為並非常態。比起改變個人信念，對他人信念的觀感更容易改變，只要獲知正確資訊即可。有鑑於此，糾正誤判或許是特別有效的方法。正如北伊利諾大學（Northern Illinois University）健康服務中心主任麥可．海恩斯（Michael Haines）說的：「你不必改變社會規範，只要讓人認識真正的社會規範就行了。」[34]

令人振奮的是，這些計畫已證實可有效減少性別歧視的想法與觀念。

瑪麗華盛頓大學的克里斯多夫．奇馬丁（Christopher Kilmartin）與同事合作，在美國東南部某大學的心理學導論課堂上，向男學生做一場二十分鐘的報告，簡介什麼是社會規範以及導致誤判規範的因素，例如有人聽到某個笑話大笑未必是真覺得好笑，只是出於禮貌罷了。他們解釋了誤判規範可能妨礙人阻止惡行、提供一些具體做法，讓學生能用於干預問題狀況。[35]

這個簡短的計畫帶來立即又正面的改變。學生在聽取簡報三週後表示，現在覺得其他男性對女性並沒那麼多負面觀感，例如「女人太玻璃心了」，或是「大多數女人會把無心之詞想成是性別歧視」。學生也轉念認為，其他男性聽到性別歧視言論的不悅感，比自己過去以為的更強烈。

糾正社會規範的誤判不只會影響看法，也能實際減少性侵案例。俄亥俄州立大學的克莉絲汀．紀迪茲（Christine Gidycz）與同事以美國中西部某中型大學的男大一生為受試者，隨機挑選一半的人在宿舍參與一個九十分鐘的性侵防治計畫，另一半則是控制組，只填寫了問卷。[36]這個計畫有三大部分：破除強暴迷思、描述性侵對女性的影響以培養學員的同理心；加強學員認識合意性行為的重要性；糾正學員對男性常態想法與行為的誤判。

研究團隊在四個月後收集的資料顯示，即使這計畫為時不算長，仍造成長期改變。男學生參加計畫後，不只認為其他男性更可能干預性侵風險情境，也表示自己的性騷擾行為減少了。

未參與計畫的受試者有六．七％自述有過性騷擾行為，參與計畫的受試者則是一．五％。

這些計畫之所以有效有兩個原因。首先，一旦得知他人的真實想法，男性就比較不會壓抑自己出言或插手阻止。其次，可能性騷擾別人的男性了解到同儕並不支持這種行為，或許會改變想法，減輕支配女性的傾向。

這個方法能發揮減少性侵的功效，並非去改變社會規範，只是告知真實的規範是什麼，並且讓人知道誤判為何發生、又怎麼被誤判。我的研究也運用同樣方法減輕大學生飲食失調的症狀，讓他們對尋求心理治療的觀感變得更正面。[37]

提供技巧訓練

奎格．李奧托（Greg Liautaud）與麥特．蓋茲（Matt Gaetz）是康乃狄克學院（Connecticut College）的大三與大二生。有一天，他們決定在宿舍擔起一項特殊的非官方任務——訓練同學化解有性侵風險的情境。他們曾在綠點計畫（Green Dot）受訓，知道如何訓練別人。這個計畫不涉及激烈手段，不需去擒抱壓倒誰，也不用硬去拉開熱情相擁的愛侶或打九一一報警，只要及早介入有風險的狀況就可以了。奎格解釋：「其實不用指責誰是壞人，只要緩和情勢就好。」奎格與麥特都是冰上曲棍球隊員，正是眾人眼中會性騷擾的那種純男性運動團體，而非致力防範性騷擾的人。

綠點是訓練旁觀者介入的多項計畫之一，宗旨是減少全國大專院校的性侵事件。類似計畫還有「不再袖手旁觀」（Bringing in the Bystander）、「挺身而出！」（Step Up!）與「主動關心」（TakeCARE）。綠點授予學生介入或預防不良行為的三個策略。試想你看到朋友調戲一名顯然喝多了的女生，綠點建議學生在這時候：

一、**引人分心**：邀朋友和你一起去速食店，或是跟他們說有個女生很想與他們聊。

二、**請別人介入**：可以找另一個朋友或比較年長的學生。

三、**親自出馬**：催朋友去找別的女生聊。

這些計畫的細節各有千秋，重點都在行為惡化前及早阻止，並訓練學生具體技巧，[38]用互動演練來示範並教授這些技巧，涵蓋各式各樣的情境。例如，學生要表演他們聽到性別歧視言論時的行動；在另一個情境則要想像他們目睹喝醉的人跟另一人進入臥房，並演示自己會怎麼做；第三個情境則是讓他們親眼看到性暴力模擬事件。這種訓練是要提醒學生：防範性暴力，人人有責。[39]

這些計畫能以多種形式進行，例如工作坊、定期課程或網路教學。[40]新罕布夏大學（University of New Hampshire）創新預防研究中心（Prevention Innovations Research Center）與達特茅斯學院（Dartmouth College）促變因子實驗室（Tiltfactor Laboratory）的研究人員，為大學生開發了數款電玩遊戲，用來傳授介入性暴力與關係暴力的策略，並且刻意將宣導訊息置入一般校園資訊、流行文化與娛樂活動中。[41]喬治亞州立大學的研究人員創立了「真心合意」（Real Consent）網路計畫，加強旁觀者的介入行為以減少性暴力。溫莎大學（University of Windsor）心理學教授夏蓮・善恩（Charlene Senn）則是在一般課程中置入旁觀者介入的訊息。

實證研究顯示這些計畫有其效果。學員回報了多種正面效應，包括對強暴迷思的接受度降低、對強暴受害者的同理心增強、協助意願提高。[42]學生也表示對自己的介入能力更有信心也更有意願。許多學生真的以旁觀者角色採取過行動，例如在派對中看到朋友似乎很醉卻直往樓上房間走，他們會上前關切，或是在聽到性別歧視言論（例如「她活該被強暴」）時出言回應。[43]比起未推行旁觀者介入計畫的學校，性暴力事件發生率在推行計畫的大學校園明顯較低：二〇一五年發表的一份報告評估了綠點計畫的效能，發現在推行該計畫的學校，發生性騷擾與跟蹤的比率較他校低十一％，女性因酒精或藥物而無力抵抗、被迫發生性行為的比率又比他校低更多，達十七％。[44]學生不只口頭說說想改變，綠點計畫真的改變了他們的行為。

「主動關心」計畫的宗旨也是教導旁觀者有效介入的技巧。該計畫使用影片教學，旁白開頭先講述在社交活動中保持安全的重要性，並簡介照應朋友與協助預防性暴力的方法。影片接著播放三個演出情境，示範如何應對強迫性侵、關係暴力，或其他可能造成傷害的行為。針對每個例子，影片都提出口頭表達或行動的具體建議，以防範於未然、避免事態惡化，或是在憾事不幸發生後支持受害者。

例如，其中一個情境是一對醉醺醺的男女一同走進臥房，另一對男女恰好目睹這一幕。此時畫面暫停，旁白開始說明，喝醉的其中一人可能因此惹禍上身，或是兩人都有麻煩。影片接著繼續演出，此時旁觀者出手介入，把喝醉的男學生帶回派對、護送女學生回家。旁白也補充了我們能介入類似情境的其他方法，以避免傷害發生，並強調照應朋友的重要性。這種訓練方法，就是強調舉手之勞這件事，用意是讓學生有自信能真正介入可能有害的狀況，但又不須大費周章。這則簡短的影片不到三十分鐘，很方便在大型集會中播放。

區區一則短片真能賦予學生行動能力嗎？簡言之，可以。看過影片的大學生表示，對介入各種風險情境的信心增加了，例如聽到有人說錯在強暴受害人身上，他們會勇於提出不贊同，或是在派對上看到一群人帶某個醉酒者進臥房，也會出面協助落單的那一方。[45]學生也表示，在觀影後的一個月期間，確實曾插手幫忙某些狀況。

由此可見，一個只靠影片的計畫能在短期內增加學生介入狀況的信心，但仍需要進一步調查以分析長期效應。這些在初期增強的介入念頭與行為，隨時間過去能否持續，或是會減弱？除了被動觀看影片，這個訓練方法能再納入更互動的元素，以期加強消化吸收、帶來更長遠的效應嗎？讓學員實際演練影片示範的技巧，絕對會有更強大的效果。雖然這些重要問題有待未來研究探討，短片訓練計畫非常易於實行，還是值得肯定。許多大學生不會想參加冗長的性侵防治計畫，「主動關心」與其他類似計畫能觸及多種學生族群，從而廣為改變校園社會規範，或許具有獨特優勢。

影片訓練法在高中校園也許同樣有效。近期有一項研究，在美國南方某低收入都會區的一間公立高中試行「主動關心」計畫。[46]與控制組相較，參與計畫的學生在六個月後的調查中回應，他們採取了更多介入行動。例如，他們會質疑為不當行為找藉口的朋友，對身上有不明瘀青的朋友表達關切，嘗試找人協助可能升高為性侵或關係虐待的狀況。這份研究也納入一種極具創意的虛擬實境測試。學生戴上眼鏡進入一個沉浸式虛擬環境，在其中與一位動畫人物互動，模擬可介入的真實世界情境。這些情境都與性暴力有關，第一個情境是在派對中喝醉的兩個朋友一起走進臥房；另一個情境的主角是一對情侶，兩人的互動可能升級為肢體攻擊；第三個情境是一名男學生透露想灌醉約會對象、好與她上床。研究人員錄下學生對各個情境的反應，以及他們會多努力嘗試阻止可能的憾事發生。與觀看控制組影片的學生相較，觀看「主動關心」影片的學生，在虛擬實境的模擬中展現出更篤定的行為。六個月後，他們表示在真實世界中也採取了更多介入行動。

這些訓練計畫之所以有效，是因為許多目睹過不良行徑的學生其實想幫忙，但不知如何介入。我們會在第十章看到，學習有效行動的具體技巧，能幫助人克服不作為的天性。曾受訓的人若遇上學過的情境，普遍會覺得更有行動的責任感，也更相信行動會有效果。[47]在超過三分之一的性侵事件中，除了當事人至少有另一人在場，這些旁觀者都有機會插手阻止，大多數卻選擇不去做。[48]怎樣才能使沉默的目擊者變為主動預防事發的熱心人士？知道該做些什麼與如何著手，是個好的開始。

創造新規範

有些關係緊密的團體格外重視兄弟情誼，成員會感受到強大壓力，覺得必須講義氣。有時這會使他們不願點破同儕的惡行，因為不論是非大家都要團結。[49]不過，這些團體的凝聚力不無好處：背後的同儕影響力有強大動能，能用來創造更正面的觀念與行為。許多旁觀者介入計畫（例如綠點）就把重點放在改變社群規範，從保持沉默以維護成員，轉變成以防範不良行為優先。這些計畫的目標是輔導學生了解：某名成員的簡單過錯，足以傷害整個團體的名聲，所以不論是運動隊伍、兄弟會或宿舍的所有成員，都有責任幫朋友避免惹是生非。新罕布夏大學的美式足球員大衛．羅（David Rowe）告訴《紐約時報》，他的目標是照顧隊友，即使必須阻撓對方上床：「或許你無法跟那個女生發生關係，卻能夠保住獎學金、繼續留在隊上。」[50]

不論是文化或價值觀，個別兄弟會與運動隊伍其實差異廣泛，較不容忍騷擾或強迫性行為的社團能向成員施壓、敦促他們遵循社內規範。[51]一項研究以美國中西部某間小型私立大學為對象，調查該校的兩類男大一生，一類曾在高中從事進攻型運動（美式足球、籃球、摔角或足球），另一類從事非進攻型運動（棒球、高爾夫球、越野競賽、游泳、網球或田徑）。[52]結果發現，從事非進攻型運動的男生較不歧視女性、較不認同強暴迷思，也較不會霸王硬上弓。

巴斯大學（University of Bath）社會學家艾瑞克．安德森（Eric Anderson）曾以某個兄弟會為研究對象，發現該會刻意把焦點從典型的男子氣概規範移開。[53]一名會員表示：「我們期待本會兄弟不要陷入魁梧大男人心態。我們希望自己的出眾既是因為才智與體魄，也因為善良與尊重他人。」

理海大學（Lehigh University）的艾瑞斯．波斯威爾（Ayres Boswell）與瓊安．史佩德（Joan Spade）曾對賓州某私立學院的兄弟會生活做過深入研究，該校有大約一半學生都加入某個希臘字母兄弟會。[54]兩位研究人員對學生進行訪談、參加兄弟會派對以觀察他們的社交互動。觀察結果證明顯然兄弟會並非全都一模一樣。

如果有個兄弟會在女性眼中有性暴力「高風險」，在這種兄弟會舉辦的派對中，男女極少如朋友般互動。與會的兩性人數通常落差極大，男女會分別聚集在會場的不同角落。女生通常獨自跳舞，如果有男女共舞往往會貼得很近，帶有濃厚性暗示。這些兄弟會男生的舉止也粗魯得多，例如會用拇指往上或往下比來評判女性身材，說性別歧視的笑話與評語，會更明顯地撩妹並當眾展現有性意涵的行為。他們會公然嘗試把女性帶離派對、上樓回他們房間，並用上這類台詞：「想看我的水族箱嗎？」、「我們上樓去吧，這樣才能好好聊聊，我在這裡聽不見妳講什麼。」

至於女性認為是「低風險」的兄弟會，派對的場面只能說是天差地遠：男女會成對或成群共舞，許多情侶會接吻或有親暱舉動，與會的男女比例大致相當，彼此經常友善地交談。現場很少出現推擠、吼叫或咒罵，如果真發生衝突，很快就有人道歉。

亞歷珊卓．羅賓斯（Alexandra Robbins）著有《兄弟會：直擊男大生轉大人的一年》（Fraternity: An Inside Look at a Year of College Boys Becoming Men），她在書中解釋，參加純男性團體的成員並不是想要為非作歹。對初次遠離家園的男生來說，兄弟會為他們提供支持，創造一個分享社交與學業焦慮的安全地帶，並且協助他們培養寶貴的領導才能。本章不是要暗示兄弟會成員個個都是性侵加害人，也不是要家長勸兒子別參加運動團隊，我的兒子就從運動社團與兄弟會獲益良多。不過，要讓男孩子了解什麼叫做合宜行為，得付出心力。有個很好的起點是確保他們明智地選擇社團，並提醒他們支持性騷擾的人比他們以為的少很多，且必須一再提醒。家長能做的另一件事是幫助兒子了解，想當個好朋友、好兄弟或是好隊友，就要在同伴的行為可能惡化、釀成大事前出手阻止。

第8章

職場篇：培養職場倫理

以問責文化避免踩上犯錯的滑坡

二〇一四年十月二十號，非裔青少年拉肯．麥當勞（Laquan McDonald）遭芝加哥警察傑森．范戴克（Jason Van Dyke）槍擊身亡。根據范戴克與數名在場警察提交的報告，這次用槍有正當理由，因為那名十七歲青少年在狂亂中持刀撲向員警。不過，後續調查揭露了一個迥然不同的故事。驗屍結果顯示拉肯被射了十六槍，從現場錄影更能看到，拉肯在范戴克開第一槍時正從警方身邊走開，而不是撲向他們，倒地後還被重複射擊多次。因為這個證據，范戴克被判二級謀殺罪與十六次加重持械毆擊罪成立，須入獄服刑近七年。

開槍的雖然只有范戴克，但他並非現場唯一的警察，另外七名在場警察的報告都佐證了他的陳述：拉肯持刀攻擊他。但這顯然與錄影不符。因為這些警察對范戴克的包庇，其中三人被大陪審團依瀆職、共謀與妨礙司法起訴，且全部被判有罪。

一人犯下惡行，同僚若非置之不理，甚或幫忙掩飾，這樣的故事並非特例。類似事件可見於各行各業：員工無視詐欺交易，政治人物無視公款違法濫用或政黨領袖的攻訐言論。本章要檢視的就是使人對職場惡行沉默以待的因素，並提出機關組織能用於改變工作文化、培養道德勇氣的策略。

你會反對老闆嗎？

我念大學時，有天研究室老闆載我一起去開會，在抵達後卻找不到停車位。他開車繞了一下，因為這時已經遲到了，於是他把車停進殘障專用車位，在下車後對我咧嘴一笑，開始跛腳走路。我什麼也沒說。

我沒有點破老闆，這種反應並不特別。大多數人目睹位高權重者行事冒犯，都不會有任何動作，只會暗自琢磨：「如果我說些什麼，會害我不能升職嗎？還是不能加薪？我會不會丟了工作，或是被冠上愛惹是生非的臭名？」

如果拿假設狀況相詢，人通常會說自己有勇氣反對惡行。但當我們真正身歷其境，大多數人只會束手無為。這並非我們不能明辨是非，若有機會客觀公正地考量情況，也會承認該有人做點什麼。只不過，似乎就是有個障礙阻止我們實行信念。

華盛頓與李大學（Washington and Lee University）的茱莉．伍茲卡（Julie Woodzicka）和耶魯大學的瑪麗安．拉凡斯（Marianne LaFrance）做過一項實驗，比較人的言行差異。[1]研究員以十八到二十一歲的年輕女性為受試者，請她們閱讀一段面試的敘述並發表感想，內容如下：「想像一下，妳去應徵一個研究助理的職位，面試妳的是一名三十二歲的男性，地點在校園的某間辦公室。以下是他在面試時提出的幾個問題，請讀過每個問題，並回答妳會有什麼反應和感覺。寫下妳認為妳會有的反應，而不是妳覺得該如何反應。請寫出妳會有的實際行為、想法以及／或感受。」

那三個面試問題是：「妳有男朋友嗎？」、「別人覺得妳有魅力嗎？」、「妳認為女性在上班時穿胸罩很重要嗎？」

大多數受試者（六十二％）表示，會以某種方式反對騷擾人的面試官，質疑他為何要問那些問題，或是告訴他那些問題不恰當，二十八％的受試者還說會有更強烈回應，例如狠狠反駁或中途離席，六十八％的受試者表示會拒絕回答至少一個問題。從結果看得出來，顯然面對性騷擾時，受試者自認會憤慨並且反對。不過，她們真的會嗎？

為了測試這個重要的問題，同一研究團隊在跟進實驗中募來另一群女性，讓她們以為在應徵研究助理並參加面試，面試官真的提出那三個帶有性騷擾色彩的問題。沒有一名受試者拒絕回答任一題，大多數都沒表示反對，至於有表達疑慮的受試者，是客氣而尊敬地請教面試官為何要問這個問題。

當女性預想這個情境，將近三分之二（六十二％）以為自己會反抗嘴巴不乾淨的人。不過一旦身歷其境，只有大約三分之一（三十六％）這麼做。所以說，即使想像自己會勇敢面對，大多數人若真遇上這類狀況，並不會採取行動。

女性在職場遭遇性騷擾，大多選擇不舉報，如果問明理由，最常見的答案是恐懼——怕丟掉工作、毀了升職機會，或是上了那一行業的黑名單。[2] 一項針對組織內部性騷擾的統合分析揭露，曾在工作場合被性騷擾的人，只有四分之一到三分之一向上級舉報，提出正式檢舉的只有二到十三％。[3] 她們對於不良後果的恐懼沒有錯。珍妮佛．博達（Jennifer Berdahl）是職場性別與多元性的專家，她表示真正舉報這類行為的女性「會變成鬧事分子——再也沒有人想雇用或與她們共事」。[4] 如果騷擾妳的人是老闆，妳要怎麼辦？要是作惡的人有權左右我們，在惡行前我們很容易選擇保持沉默，畢竟指控對方要付出的代價相當明顯。

一項針對職業會計師的調查發現，有六十%曾在工作場合目睹不檢行為——竊取庫存、不當分類支出、竄改收支——其中一半的人選擇不舉報。[5]包容這類行為的常見理由包括：事態未嚴重到需要舉報、缺乏充足證據、別人會舉報。但保持沉默最常見的理由是擔心丟掉工作，或擔心工作場所會對自己很不友善。

令人遺憾的是，害怕報復的恐懼並沒有錯。麻薩諸塞大學阿默斯特分校（University of Massachusetts Amherst）的研究人員檢視了二〇一二到二〇一六年間，美國公平就業機會委員會與州立公平就業機構接獲的四萬六千件性騷擾申訴。[6]六十八%的申訴人表示自己遭到雇主某種形式的報復，有整整六十五%在一年內失去工作。另一項研究調查了超過一千名聯邦法院員工，發現曾檢舉不當待遇者有三分之二遭同事迴避、不獲升遷機會、被調到較差的職位，或是被打了不公的劣等考績。[7]如果員工申訴的對象位高權重，這類後果又特別常見，這有助於解釋身陷此類困境的人為何特別傾向保持沉默。

居上位者要是說了性別歧視、種族歧視或其他攻訐言論，少有人勇敢到足以表示反對。萊斯莉·艾胥本—納多（Leslie Ashburn-Nardo）與同事募來一群男女大學生，聲稱要讓他們參加遠距溝通的研究，請他們與另兩人在線上群組裡共同評估工作申請者。[8]群組討論開始前，受試者先填過問卷，研究人員說那會用來決定他們在群組中扮演的角色。每名受試者都被告知，填答結果顯示他們有極佳的傾聽與人際技巧，因此要擔任「人力資源觀察員」，負責聆聽另兩名組員在電腦上的交談、做紀錄，並給予對方回饋。實際上，「其他組員」純屬虛構，受試者看到的對話都是照劇本演出。

他們在討論一名女性工作申請者時，一名組員打出下列訊息：「我搞不懂那些做商務的女人，她們好情緒化。我希望有相片可以看。要我忍受跟一個嘮叨的女人當同事，除非她很正才可以！」（研究人員特意在英文原文訊息中只用小寫，模仿學生聊天的隨興寫法）。在其中一個設計情境中，受試者獲知發訊人只是另兩名組員之一，而在另一個情境中，受試者獲知發訊人被分派到「老闆」的角色，要負責決定每名組員可得的受試酬金。任務結束後，研究人員問受試者對其他組員的發言有何感想，又問會否想與組員見面、給對方回饋意見。

你能預測實驗結果嗎？

首先，兩種情境的受試者都認為那段訊息既不恰當也有歧視色彩，不過發訊人如果是「老闆」，受試者就不太想面質他：看到權力位階較高的人說出性別歧視話語，只有四十三％

的受試者會想直面對方並提出心得回饋，反觀發訊人若沒這種權力，想這麼做的受試者有六十八%。

同一研究團隊設計第二個實驗，讓受試者閱讀一段情境描述，分別是長官、同事或下屬在職場中說出性別或種族歧視的話。長官發表性別歧視言論的情境描述如下：「想像一下，你在一家軟體公司上班。你參加一場關於來年預算目標的午餐會報，會議結束後，你的男性長官對會議中唯一的女性員工說：『嘿，妳來收拾午餐的東西吧？女生不是應該很會這種事嗎？像是當女僕之類的？』」

依據實驗想測試的職等關係，在不同測驗場次中，這段文字會把發話的「長官」替換為「同事」或「下屬」。如果是用於測試種族歧視的情境，則會把「男性」與「女性」，分別替換為「白人」與「非裔」。受試者要回答他們認為那段話是否帶有偏見，以及會不會反對發言人，不論以直接或間接方式。

如同之前的研究，無論那段話針對的是誰、發言人的身分為何，受試者都認為那是充滿歧視且不當的說法。如果是性別歧視而非種族歧視，受試者傾向認為不大嚴重，也比較不會檢舉。如果說的人是長官（而非同事或下屬），受試者傾向覺得沒有責任介入，也較難以決定怎麼做，並且認為提出反對的代價比較高。當然，受試者也較少表示要反對發言人。

很多人都不願面對居高位者的問題行為，即使那很可能造成嚴重後果。一項研究檢視了醫療界的此一課題，這個領域如果同事犯錯或行事不顧安全，或許會造成生死之別。[9]研究人員以美國東北部兩家大型教學醫院的實習醫師與住院醫師為對象，請他們完成一份行醫道德勇氣的評估調查，回答對下列陳述的同意程度：

- 即使承受反對的社會壓力（例如醫護團隊的資深成員反對、與醫療守則不符等等），我還是會為病患做正確的事。
- 照護病人時遇有倫理難題，我會先考慮情況是否符合專業價值觀與我的個人價值觀，再做決定。
- 即使會為我自己帶來風險（例如法律風險、名譽風險等等），我仍會為病患做正確的事。
- 我的病患與同事能信任我的行為會符合道德標準。

接下來他們要回答，在前一個月目睹過幾次違反病患安全守則的行為，例如手部不潔、消毒不當等等，可能增加傷害病患的風險。如果受試者曾目睹過至少一次違規行為，就要回答是否對違規者提起這件事。

不出所料，道德勇氣評量得分愈高的受試者，愈可能表示在目睹違反病患安全行為時曾出言反應。然而比起住院醫師，實習醫師無論道德勇氣得分高低，都較不會點破不當行為（實習醫師的訓練與權責都低於住院醫師）。這些調查結果與其他研究不謀而合：在醫療場所，如果得質疑權位較高者，通常不會有人表示意見。醫學生與護理師基本上都不願質疑醫師。[10]

有些實驗證明了反對位高權重者有多困難，其中最早期的實驗之一出自精神病學家查爾斯．霍夫林（Charles Hofling）的設計。[11]一九六〇年代在美國某家醫院，一名男性分別在二十二個不同的日子裡，於傍晚致電當院值勤的護理師（每次都是不同的護理師接聽），自稱是該院醫師，不過他報的是假名，護理師沒聽過也不認得這位本院醫師。接著，他請護理師（全是女性）確認「愛斯卓疼」（Astroten）是否有庫存，這種藥物純屬虛構，只是當天已預先放在供應室的無害糖錠。等護理師回報有藥，男子指示她立即給某病患服用二十毫克的愛斯卓疼，而她負責的樓層真有這名病患。男子表示，等他稍晚抵達醫院會再開立處方。藥瓶上標示的最大劑量是十毫克。

要知道，給病患服用二十毫克的愛斯卓疼，違反了三條規定：不可透過電話接受醫囑，不可接受陌生醫師醫囑，給藥不可超過藥瓶標示最高劑量。結果這些護理師怎麼做呢？有二十一名護理師（九十五％）帶著過量的藥物走向病人房間，然後被研究人員攔下來。

這份研究發表於一九六六年，已經是五十多年前的事，我們要是認為現在的醫護權力不對等已沒那麼極端，絕對是很合理的假設。現今的護理師應該比較能從容反對可疑的醫囑，尤其當這些醫囑可能嚴重傷害病患。不過，我們真能如此確定嗎？

為了解情況是否有所改變，領導力訓練公司「關鍵智能」（VitalSmarts）檢視了兩千三百八十三名有照護士的報告，情由都是他們感到難以表達意見，或難以說動他人傾聽的潛在問題。[12]多數護理師（五十八％）表示遇過無法安全直言的情境，又或者就算有說，別人也聽不進去。這些護理師有十七％至少每個月都會遇到幾次這種狀況，其中有許多是同事險中貪快，例如沒有花充足時間洗手、不換手套、略過安全檢查步驟。雖然八十四％的護理師表示目睹過同事險中貪快，又有二十六％認為這會傷害到病患，只有三十一％曾向不守規矩的人直指疑慮。

各種不良行徑之所以持續不絕，部分因為大多數人害怕為反對付出慘重代價。沉默循環一再發生，因為即使面對重大惡行，對報復的恐懼仍令我們三緘其口。美國有許多年輕體操選手曾被納薩爾醫師重複性侵，她們都擔心如果檢舉（甚至只是質疑）隊醫的行徑，會損及入選奧運代表隊的機會。她們的憂慮很有可能是對的。

保持沉默的職場優勢

即使不太可能被報復，人偶爾仍有包容惡行的個人動機。遇有企業詐欺，對他人的不端行為視而不見，或許會直接受益。如同克特・艾申沃（Kurt Eichenwald）在《傻瓜同謀》（Conspiracy of Fools）一書中所揭露，能源公司安隆（Enron）的許多高管都心知肚明，公司隱蔽數十億美元債務以維持高股價，知情者包括經理、律師與顧問，然而他們沒有揭穿。安隆雇用知名的亞瑟・安德森會計公司（Arthur Andersen）為其定期審計財報，該會計公司的數名高管都承認安隆藉詐欺隱瞞損失，各人知情程度視職位而定，但許多人都因佯裝不知而從中獲利。最終，有十六人因本案被判金融犯罪罪名成立，包括安隆創始人肯尼斯・賴伊（Kenneth Lay）、執行長傑弗瑞・史基林（Jeffrey Skilling）、財務長安德魯・法斯托（Andrew Fastow），此外另有五人被判有罪。但還有更多人略有所知，卻沒有加以阻止。

安隆的內爆吸引了大量關注，但這絕非唯一一樁長年隱匿的白領犯罪。二〇〇五年，私人保全公司泰科（Tyco）的執行長丹尼斯．柯洛斯基（Dennis Kozlowski）與財務長馬克．舒瓦茲（Mark Swartz），因侵吞超過四億美元公司款項被判有罪。他們涉及各種金融犯罪，包括股票詐欺與越權領取紅利，用公司資金享受奢侈生活：豪宅、高級珠寶與奢華派對。二〇一八年，荷傑．札莫拉—克札達（Jorge Zamora-Quezada）醫師被捕，依聯邦健保詐欺罪起訴。他利用偽造健保申請詐領超過兩億四千萬美元，包括對病患做出重病甚而絕症的不實診斷，藉此開立昂貴的藥物或療程處方。這些詐欺讓他購買了無數豪宅、名車和一架私人飛機。

然而，職場不端行為不僅於頭條新聞案例，不管公司規模，無時無刻都在發生。詐領支出報銷，例如呈報假造收據或以公務名義報銷個人支出，在大型公司（超過一百名雇員）的詐欺案中佔十一％，在小型公司詐欺案佔二十一％。[13]幾年前，我有個同事經常為各種私人支出向大學請款，包括孩子的學校用品、家庭節慶賀卡的郵票、全家赴佛羅里達州度假的開銷。[14]（直到學校官員牽涉其中，這種行為總算告終。）

世界各地的政要經常以公務名義申報個人開銷。英國國會議員曾被逮到向政府申報一座按摩椅、一根奇巧巧克力棒，以及家傳祖宅的壕溝清理費。[15]加州共和黨眾議員鄧肯·杭特（Duncan Hunter）被控濫用超過二十五萬美元的競選資金，包括一趟義大利之旅、給兒子買電玩，還為家裡的寵物兔艾伯特買過機票。[16]

以上案例有什麼共同點？詐欺的情節輕重差異甚大，從辦公用品籃偷拿一枝筆，顯然不能跟報銷豪華家庭旅遊一概而論。不過這些案例裡都有人知情，並選擇佯裝無知——或許是處理帳目的行政助理，或是看到寵物兔旅行收據的競選委員會財務主管，又或者是核對客戶納稅申報單的審計公司。設身處地來看，我們大多數人也會做相同決定，因為指控某人行為不端所衍生的職業後果可能相當慘重，尤其當對方位高權重時。

如果行為不檢者在公司備受重用，那不只有個別雇員可憑著忽略惡行而受益，其雇主也可以。貝勒大學（Bayler University）的馬修·奎德（Matthew Quade）與同事做了相關研究，以全國各行各業超過三百對員工與主管為調查對象。[17]受調主管要評比員工的不端行為，例如假造時數與開支報告、濫用保密資訊，此外也要評比員工的整體稱職程度。員工則要填寫量表，評估他們自覺在工作場合被排擠的程度。根據本研究目的，所謂的排擠是藉由這類描述來評量：「其他同事在工作上忽略你」、「其他同事在工作時假裝你人不在場似的」。

調查結果發現，不端行為與被排擠是否有關聯，端視員工績效而定。績效普通的員工若是行為不檢，會遭到排擠；獲長官評為績效優良的員工，行為不檢與被排擠之間則沒有關聯。研究人員注意到，有些不端行為若是出自企業重視的員工，會被忽略不計，績效差的員工卻可能遭受指責。換句話說，「功過或能相抵」。

這或能解釋在二〇一七年，二十一世紀福斯公司（21st Century Fox）為何與福斯新聞當紅主持人比爾．歐萊利（Bill O'Reilly）延展合約，並同意支付他一年估計高達兩千五百萬美元的酬勞，即使公司知道內部有人對歐萊利提出多起性騷擾申訴。直到這些申訴與和解對外曝光，福斯怕承受不起丟掉廣告合約的財務損失，歐萊利才終於被炒了魷魚。

反對惡行的社交代價

一九六八年三月十六號，美軍在越南美萊村（My Lai）屠殺越籍平民，不分男女老幼，估計有五百人喪命。有數十人先被推進一道灌溉壕溝再遭射殺身亡。美軍准尉兼直昇機駕駛休．湯普森（Hugh Thompson Jr.）親眼目睹事發經過，雖然他的軍階低於指揮攻擊的上尉與中尉，他把直昇機降落在士兵與平民之間，命令士兵停手，並威脅要把機上的機關槍用在任何繼續開槍的人身上。他的行動阻止了這場屠殺。

很多人都知道美萊村的這段故事，然而這並非全貌。湯普森准尉在勇敢調停後寫了正式報告上呈長官，後來這起事件公諸於世，他也為眾議院軍事委員會寫了報告。同袍和輿論對他的行動嚴加撻伐。[18]

二○○四年，湯普森接受「六十分鐘」（60 Minutes）節目訪談時表示：「我接過死亡威脅電話，有人把動物屍體丟在門廊上，有時一早起來就看到被肢解的動物躺在門口。」[19]直到一九九八年三月六日，時隔三十年後，他的英勇行徑才正式得到認可，獲頒士兵勳章（Soldier's Medal）——這是針對非抗敵的英勇事蹟所頒發的勛章。

不論在任何職業領域，挺身對抗惡行都可能付出高昂代價，如果該行業的文化極度強調忠誠，後果會特別慘重，這在軍隊與警界格外真切。一項針對全美超過三千七百名警察的調查顯示，將近八十%的受訪者說警界文化有沉默潛規則。整整四十六%的受訪者表示，曾目睹其他警察行為不端但沒有舉報。[20]

是什麼原因導致這麼多警察不舉報惡行？他們應該是特別勇敢的一群人才對。受訪警察提及幾個因素——他們認為報告會被忽視，擔憂被訓誡或解雇，以及同僚要求噤聲的壓力。其中提出最多的理由是害怕被其他警察排擠。前芝加哥警察羅倫佐・戴維斯（Lorenzo Davis）如此表示：「警界的沉默潛規則跟家庭關係很像。沒人教你，但你就是知道不能出賣家人。如果有搭檔，你非挺他不可。」[21]

即使是罪大惡極的案例，仍有太多人為了效忠組織而選擇無視，就算惡行與組織價值觀恰相衝突。這種斷離在宗教界最明顯可見。

美國體操選手瑞秋・丹赫蘭德年紀還小時，在遭納薩爾醫師性侵前被另一名男性侵害過，對方是家裡所屬浸信會教會的一員。瑞秋七歲時，教會有個大學生對她特別殷勤，買禮物送她、陪她往返主日學課程、經常擁抱並鼓勵她坐到他大腿上。那時有一位輔導員在教會帶領性侵受害人支持團體，他認出這種行為可能是性侵前兆，於是對瑞秋的父母示警。只不過她的父母詢問查經小組的意見，那些人強力勸退他們採取行動，說那是反應過度。有個家庭不再與丹赫蘭德家往來，唯恐成為下一個被指控的對象，所以瑞秋的父母決定什麼也不做。兩年後，等那名大學生離開教會，瑞秋告訴父母，有天晚上那人在瑞秋坐在他腿上時自慰。這件事他們從未告訴任何人。如同瑞秋的母親對《華盛頓郵報》記者所說：「我們試過一次卻沒人相信。所以舉發又有什麼意義呢？」[22]

我們都讀過羅馬天主教會驚世駭俗的醜聞：神父在長達數十年間性虐待兒童，教會卻隱匿不報。然而，其他宗教機構也不遑多讓，不論是德州南方浸信會的領袖，基督教福音派包伯瓊斯大學（Bob Jones University）的行政官員，或是紐約正統派猶太教社群，都曾傳出被機構包庇的性虐待事件。艾美．戴維森．索金（Amy Davidson Sorkin）在《紐約客》撰文指出，受害者在宗教界或其他社群被視為滋事分子，其中一個原因是「他們誤以為社群精神的表現，就是保護最強大而非最脆弱的成員」。[23]

踩上犯錯的滑坡

二〇一八年秋天出了一件震驚心理學界的大事：達特茅斯學院心理學暨腦科學系的在學學生與校友向法院提告，控訴系上三位知名教授在超過十六年間的不當行徑，包括性騷擾與性侵在內（達特茅斯學院在二〇一九年八月和解這場官司，支付了一千四百四十萬美元，校方沒有承認應負責）。莉雅．桑莫維爾（Leah Somerville）是哈佛大學情緒神經科學暨發展實驗室的主任，她撰文道出在達特茅斯學院念研究所的經歷：「如果你浸淫在一個遵循錯誤規範的環境裡，可能連你自己都對問題渾然不覺。例如我在那裡唸書時，無論在實驗室或公開場合，某些教職員都會拿學生的性生活細節開玩笑，而且是常態。起初我很不舒服，不過等這類討論一再出現且每況愈下，也愈來愈令人麻木。社群規範就這麼在我眼前改變。當許許多多的行為都被習以為常，其他的不當言行恐怕也變得更稀鬆平常。」[24]

有害的環境通常是逐漸發展而成，不端行為起初很輕微，卻會持續惡化。即使個別成員意識到不當行為正在發生，或許以為其他人不覺得有問題，因此保持沉默。長此以往，群體規範隨之逐漸改變。

這種過程能夠解釋一個現象：川普還是總統候選人時，許多共和黨員起初很反對他，甚至是強烈反對，卻在他當選後轉為支持。川普在競選時頻頻取笑與貶損共和黨內的建制派（通常是透過推特），並強調他是局外人。無怪乎，許多共和黨領袖在初選時都不支持他，也對川普政見的主要綱領語帶強烈保留。在他當選前，許多共和黨領袖都對他的攻訐言論和政策表達疑慮，抗議他把墨西哥人說成強暴犯、他提出的所謂穆斯林禁令，還有他吹噓自己「抓女人的陰部」。

我在川普當選總統後曾尋思：參眾議員會有何反應？令我失望的是，有些原本最大力批評他的人很快轉為熱情擁護。川普當選前，南卡羅萊納州參議員林賽・葛理翰（Lindsay Graham）說川普是「公驢」、「蠢蛋」、「打種族牌、排外、宗教狂熱的老頑固」。葛理翰甚至還說：「你知道美國要怎麼再次偉大嗎？叫唐納・川普下地獄吧！」[25]他大放豪語推文說不會投給川普，但大選後態度丕變，開始經常與總統高爾夫球敘，並在福斯新聞台宣稱：「我們有了一個我夢寐以求八年的總統與國安團隊。」[26]

這種突然的倒戈不能用投機取巧一語帶過。除了少數特例，共和黨彷彿換了一套全新的道德指引。如同直言不諱的保守派作家大衛・布魯克斯（David Brooks）所言：「支持川普需要日行不輟地與道德保持距離，這表示幾個月之後，你就能寬容任何腐敗。你的道德感對什麼事情都麻木了。」[27]

前聯邦調查局局長詹姆斯・柯米（James Comey）也被這個問題困擾：為什麼在川普政府中，有那麼多人不承認或不反對他的欺偽？柯米為《紐約時報》撰寫評論指出：「起初，你在他撒謊時沉默坐視，不論公開或私下皆然，這樣的沉默使你成為共犯。」

他繼續寫道：

「跟他開會的時候，他滔滔不絕地斷言有些事情『大家都這麼認為』、『顯然沒錯』，沒人提出質疑……既因為他是總統，也因為他鮮少住口。因此，川普先生把所有在場者拉進一個默許的圈子裡。接下來他就攻擊你珍視的組織與價值──你向來表示必須加以維護、你曾批評過去領導人不夠強力支持的那些事物。然而，你還是保持沉默。」28

這個過程始於保持沉默，逐漸崩壞為默許，以致到了最後，曾經提出強烈抨擊的評論家，即使在某種程度上仍認為某些政策（與某位人物）大有問題，卻發現自己當起啦啦隊來。用柯米的話來說是：「在全世界眾目睽睽下，你跟圍繞會議桌的其他人有志一同──大談那位領袖多麼令人讚嘆，與他共事又是何等榮幸。你援引他的說法、讚美他的領導作風、四處宣揚他對價值觀的承諾。然後你就迷失了。他吞噬了你的靈魂。」

眾多共和黨領袖的逐漸轉向或許令很多人大惑不解，社會心理學家卻是了然於心。如同第一章說過的，在米爾格蘭實驗中，大多數受試者完全服從權威、對無辜人士施予危險的電擊，只因電擊強度是逐漸增加。一旦施予區區十五伏特的第一次電擊，踏上那條路，心理上就很難抽身。這個歷程或能解釋共和黨領袖的行為。有些共和黨領袖在川普還是個出言不遜的候選人時就支持他，等川普當選總統後仍攻訐不斷，甚至變本加厲，這些領袖發現自己很難表示反對。或許他們相信川普兜售的宏大願景：一個光榮且安全的美國，稅賦低、保守派法官變多、移民減少。不過，或許他們只是得堅守同一條路線，才能正當化過去對川普的支持，不論後果是好是壞。如同實證研究告訴我們的，一旦往岔路踏出一小步，就很難改變方向。

北卡羅萊納大學的法蘭西絲卡．吉諾（Francesca Gino）與哈佛商學院的麥斯．貝澤曼（Max Bazerman）設計了一系列實驗來測試這個問題：如果不良行為是逐漸惡化，人是否比較不會舉報？他們請受試者擔任「稽核員」，批准或駁回別人對玻璃瓶中一分錢硬幣數量的估計值。[29]在某些設計情境中，做估計的人會把數量慢慢灌水，每次只增加四十分錢。在另一些情境中，估計值會突然大變，狂增四美元。「逐漸改變組」有五十二%的稽核員會批准那些估計值，「突然改變組」只有二十四%這麼做。兩位論文作者把這個差異歸因於「溫水煮青蛙效應」，就如諺語所說：把青蛙丟進滾水裡，牠會立刻跳出來；若先放進溫水再逐漸加熱至滾燙，牠會因為沒察覺溫度漸增而留在水裡，直到為時已晚。

踩上誘惑的滑坡而無法自拔，真實世界的企業詐欺案是更有力的佐證。一項研究訪談了十三位被判會計詐欺罪的金融高管，幾乎每個人都是逐次變本加厲。其中一位前企業財務長如此形容：「犯罪始於微不足道的行為，進展非常緩慢。你先是在檯面下做點什麼，有人說這不是犯罪，那我們就有理由說這不是犯罪。」一旦走上行為不檢之路，要抽身就十分困難。一位前企業行政長說：「你第一次跨過那條線，感覺就好像……好像這無關緊要，或是好事，你想用什麼形容詞都好。你要做的只有把腳趾推過那條線……你就下海了，一旦進去就是那條道上的人了。」[30]

改變職場文化以防微杜漸

問題行為對各種組織都會造成傷害，不論是公司行號與大專院校、軍隊與情治單位，或是醫院與警局。舞弊稽核師協會（Association of Certified Fraud Examiners）的一份報告顯示，員工的不端行為會導致大多數組織損失約莫五%的年收益。[31]在極端案例中，例如歐萊利或電影製作大亨哈維・維恩斯坦（Harvey Weinstein），財務損失更可能飆升。

要根除這種不端行為，光是揪出幾個壞蛋並不夠，雖然起自高層的病根確實容易向下蔓延。我們該做的是全面改變職場文化，職場需要培養一種風氣：講求職業倫理代表做對的事情，而非掩護同事的劣跡。拉肯謀殺案發生後，芝加哥市長拉姆．艾曼紐（Rahm Emanuel）在市議會發表演說，談到芝加哥警界的沉默潛規則：「我們把這問題叫做『細藍線』。就是同仁互相忽視、否認，甚而是掩飾對方惡劣行為的傾向。沒有任何警察可以因為執法是其職責，就表現得有如自己高於法律。如果我們繼續容忍自家警局奉行沉默潛規則，就不能要求公民在犯罪猖獗的社區打破沉默潛規則。」[32]

許多人之所以不敢發聲，有個主因是害怕社交後果。舉報同事行為不檢的人常被罵成「叛徒」或「告密仔」，但即使被貼上「吹哨者」這類較中性的標籤，旁人往往還是不以為然。傑弗瑞．魏根（Jeffrey Wigand）曾揭露雇主布朗與威廉森菸草公司（Brown & Williamson）蓄意在菸草中添加化學物質，使人更易上癮，他在《企業吹哨者生存指南》（The Corporate Whistleblower's Survival Guide）一書的前言寫道：「我們應該把吹哨者這個名字改掉。為什麼呢？因為這個詞充滿負面意涵，就如同叛徒、告密仔、告發人與變節者。」[33]他建議用什麼詞替換呢？「良知人士」。

雇用倫理型領導人

那麼，企業組織該如何創造一個真正重視倫理行為的文化，不只是透過企業使命喊口號，而是透過每個人的行為實踐？組織的倫理文化跟很多事情一樣，都是上行下效。紐約大學史坦恩商學院（Stern School of Business）的倫理領導學教授強納森．海德特（Jonathan Haidt）強調：「領導人在雇用、解雇與拔擢員工時，必須願意以核心價值為準，而不只是達成最低標或以業務成長為優先。」[34]

海德特帶頭創立了一間非營利公司「倫理系統」（Ethical Systems），為公司行號提供有研究根據的文化創造策略，促進符合倫理、誠實與道德的決策。[35]他的第一條建議是領導人應以身作則——不只是口頭說說，要言行合一。例如，在公司經營困難時自己主動減薪，或是不去碰有利可圖但會傷害投資人的交易。海德特與其他專家都曾特別提到嬌生公司（Johnson & Johnson）前執行長詹姆斯．柏克（James Burke），他就是把顧客健康置於盈利之上的領導人。一九八二年，有七人因服用被氰化物污染的泰諾止痛藥而喪生，柏克毅然下令召回超過三千一百萬瓶泰諾。海德特也以電商公司薩波斯（Zappos）執行長謝家華（Tony Hsieh）的躬行做範例：他為了展現符合道德的領導方式，與員工使用同樣大小的隔間座位辦公，讓公司的階級組織扁平化，重視全體員工的個人職責。

海德特也指出獲員工評為倫理型的領導人，具備了哪些共同特質。首先，這些領導人都很勤勉認真，表現細心且深思熟慮、注重細節。[36]有這些特質的領導人不會抄捷徑或漫不經心。其次，他們很重視個人道德，關乎是否誠實、體貼、有同情心。[37]倫理型領袖也會對道德課題深思熟慮，注重公平、正義與尊重人權的原則。[38]

公司應該謹記，倫理型領導會讓公司受益——鑽道德漏洞就不會了。《哈佛商業評論》（Harvard Business Review）摘要的一項研究發現，獲員工給予人格高度評價的執行長，包括廉正、負責、寬容大量與有同情心等特質，兩年間的平均資產報酬率為九．三五%，是評分較低的執行長將近五倍。[39]員工認為，高人格評分的主管會為正確的事挺身而出，關切公共利益，既往不咎（不論犯錯的是自己或別人），並表現出同理心。那些獲評低分者則相反：說謊、不守信用、怪罪他人、為失誤懲處他人，對旁人顯得漠不關心。倫理型領導人能激勵員工展現更好的行為，從而提升收益。

倫理型領導的高績效其來有自、彼此相關。[40]如果公司高層注重職業倫理，員工對工作的滿意度與投入度也比較高，部分是因為他們覺得主管關心下屬且公平以待，因此公司人員流動率或許相對較低。員工也會上行下效，不大會出現害公司損失慘重的不端行為。在注重倫理型領導的公司，員工注意到不良行徑時，或許更容易向管理階層舉報，他們相信舉報會得到賞識而非報復，公司也會做公平且恰當的跟進處理，及早遏阻問題行為，不至於愈演愈烈。

比起低階職員，位高權重者更不易遵循道德標準，所以雇用能以身作則的高層人才更顯得重要。美國西北大學與荷蘭蒂爾堡大學的研究人員進行了一系列實驗，分派受試者（荷蘭大學生）擔任高階或低階職權的角色。[41]職權高的人要想像自己是首相，職權低的則是公務員。他們要閱讀並回答三個道德難題——（一）如果路上沒有其他行車，可否在赴約遲到時超速？（二）報稅時是否可以略而不報某項兼職收入？（三）發現遭棄置的被竊自行車，可否佔為己有而非轉交警方？一半的受試者要回答一般人是否可以有這類行為，另一半受試者則要回答自己應不應該有這種行為。

權力會影響道德判斷嗎？絕對會。扮演低職權角色的受試者通常會判斷，那些行為無論出自旁人或自己都不該，有兩名受試者甚至對自己的行為提出更嚴厲的批評。不過，扮演高職權角色的受試者則一致認為，比起自己，同樣行為出現在他人身上較不能接受。

各界高層人士常見的虛偽表現，透過這份研究讓人更有所洞察。位高權重者會寬以待己、嚴以律人，即使這份權力為時很短，甚至是隨機分配給予的。本研究作者之一亞當．賈林斯基（Adam Galinsky）點出該研究結果與近年醜聞事件的關聯：「例如，我們看過某些政治人物在呼籲減少政府干預同時，卻為個人私利挪用公共資金，或是在提倡家庭價值的同時發生婚外情。」[42]其他案例不勝枚舉：牧師邊傳講濟貧扶弱邊坐擁私人飛機；好萊塢聞人積極宣揚尊重女性的價值觀，卻性騷擾圈內女性。

公司要怎麼確保雇到倫理型領導人，而且不只是嘴上說一回事，也會身體力行？海德特建議，要選擇重視長期績效而非短期收益的領導人，因為不端行為能藉短期收益圖利，卻對長期績效造成嚴重且持久的損失。此外，這些領導人應該為自己與他人設立一視同仁的規定。以身作則的主管未必能確保全體員工從善如流，卻是必要的第一步。

拒絕容忍不端行為

組織若想培養開放且注重倫理的文化，在各層面要明定不容有違倫理的行為。這訊息必須來自公司領導人與主管，但同事與同儕也需有此共識。倫理訓練無法一體適用，也不應限於線上影片，讓人心不在焉地點擊帶過，隨即又回頭埋首工作。公司領導人要接受訓練，學習如何傳達自己的期望，讓員工了解不論做大方向或小細節都要合乎道德。

由於人為了正當化起初的失誤，欺偽行徑極易隨時間惡化，及早阻絕不端行為十分重要。《紐約時報》記者傑森．布萊爾（Jayson Blair）有多篇文章被發現造假與抄襲，被迫在二〇〇三年辭職。他解釋道：「事情始於一種滑坡效應。一旦發現自己能從某些狀況安全脫身，一旦跨越那條界線，你或多或少得自我開解：『我是好人，而我做了這種事，所以這應該沒問題。我一定要確保這沒問題。』接下來，再做這種事就變得容易多了。」[43]

公司著手訂立規範，能約束誘人但不誠實的行為，例如有些醫院禁止藥廠贈禮。研究顯示，醫師若收受藥廠好處（從餐點、有薪演講到豪華度假村旅遊），會開立更多處方並推薦更昂貴的藥物。[44]《美國醫學會期刊》（Journal of the American Medical Association）刊登的一項研究以十九家教學醫院、超過兩千名醫師為研究對象，比較他們在禁止贈禮條款實施前後的處方箋開立數量，發現原廠藥物的處方箋在條款實施後減少了五％。[45]這變化聽來微不足道，價值卻高達數十億美元。

組織也必須明確表示，對各級員工會以同樣的倫理標準一視同仁。公司高層怕禁不起疏遠或流失「明星員工」的代價，而不追究這些人的劣行，實在是屢見不鮮——放任能吸引大量研究補助的學者、握有知名客戶的風險基金管理人、奧斯卡獎常客的電影製作人。員工看見紅人能從問題行為脫身，也就心領神會：組織會寬容不端行事。這種認知會降低舉報違規的意願，也很可能增加員工行為不端的風險。

加州大學爾灣分校（University of California Irvine）的克里斯多夫·鮑曼（Christopher Bauman）與南加州大學（University of Southern California）、密西根大學的團隊做了一項研究，檢視人懲罰常見欺瞞行為的意願，例如不實申報開支與竊取辦公用品（研究受試者要閱讀這類事例敘述）。[46]這些違規都不算嚴重，員工或許會認為沒什麼大不了，但日積月累將是公司的可觀損失。研究人員發現，如果受試者事先得知公司高級雇員也有欺瞞行為，就不會提議懲處員工。執行長如果希望全公司都培養端正行為，應該將此研究結果謹記在心。

另一個打擊企業詐欺的策略是設計嚴格的反報復條款。北卡羅萊納州立大學與巴克納爾大學（Bucknell University）的研究人員發現，假如員工不必擔心報復，向適當單位舉報欺偽的可能性會大幅提高。[47]公開上市交易的公司尤其能受益於這種作法，因為可及早因應問題，若等到有人通報證券交易委員會，下場就慘重得多。

公司也必須謹記，吹哨有助於避免未來的問題。愛荷華大學蒂皮商學院（Tippie College of Business）的嘉倫．魏爾德（Jaron Wilde）檢視了三百一十七家大型上市公司，它們都曾被吹哨人向職業安全衛生署檢舉。[48]魏爾德發現，這些公司在被檢舉的後續兩年間，欺瞞行為（會計違規或逃漏稅）比未被檢舉的同類公司有所減少。魏爾德認為，檢舉會讓公司對財管業務更謹慎，以降低未來惹出法律問題的風險。

這些研究告訴我們什麼教訓？拒絕容忍各層級的不端行為，公司因而受益。員工體認到公司期待甚至要求倫理行為，才較不易屈於誘惑、從小過開始步上歧途。他們也會覺得能自在地檢舉，這可以及早遏止問題行為。要創造一個全體員工優先重視倫理行為的文化，或許要從改變公司內部的社會規範開始，但最終將有助營收。

打造提示與提醒機制

想鼓勵端正行為，最簡單的方法之一是隱而不顯的提醒。許多大專院校要求學生在考試開始前寫下榮譽誓言，或是在誓言書上簽名，保證既不作弊也不幫人作弊。這個策略是要提醒學生誠實學習的重要性，在考試開始前增加對個人行為的自覺。如同第二章說過的，提高人的自覺能減輕在團隊任務中懈怠的傾向，這部分是因為我們都喜歡自認為做事正派的好人。只要能增加自覺，即使僅是簽個名這種小提示，都能促進更符合倫理的行為。

簡單簽個名真能減少不端行為嗎？哈佛商學院的貝澤曼與同事設計了一個巧妙的實驗來測試。[49]他們以美國東南部幾間大學的學生與教職員為受試者，請他們解一系列數學題，每答對一題可獲得一美元。測驗結束後，受試者要依研究人員提供的答案表自行核對計分，研究人員接著會發三式表格的其中之一，讓他們填表回報分數並領取獎金。第一個表格只問答對的題數。另兩份表格除了問答對題數，還多加一段聲明，表示填表人盡己所知、填報了正確且完整的資訊，最後受試者要在這段聲明的正下方簽名。一式表格的簽名欄在表格上方，表示受試者會先簽名再寫下答對題數。另一式表格的簽名欄位於下方，受試者要等到註記了答對題數才會簽名。

等研究人員收回表格（以及答題紙，以便核對受試者是否誠實回報），發現驚人的結果。填寫無簽名欄表格，以及簽名欄位於下半頁表格的受試者，有超過一半未誠實回報，分別是六十四%與七十九%。而填寫簽名欄位於上半頁表格的受試者，只有三十七%灌水答對題數。

問題來了，這個研究有個重大侷限：為了在學術實驗中多拿區區幾美元而作弊，與真正的不端行為恐怕有很大差距。在真實生活中，欺偽行事的風險與收穫都高出許多，實驗情境絕對無法相提並論。

為了在更真實的情境中測試簽名效果，同一群研究人員與某家汽車保險公司合作，再度於美國東南部進行實驗。他們拿那家公司的標準保單檢核表做了兩個不同版本，請顧客回報欲加保車輛的里程表讀數（里程數低表示車開得少，意外風險低，保費也較少）。他們隨機發給顧客兩種檢核表，內容格式都一樣，只有「本人保證所提供資訊均正確無誤」的聲明位置不同，顧客必須在此處簽名。有一半表格的誠信聲明位於表格開頭，另一半則位於結尾處。最後研究人員比較顧客在兩種表格中填報的里程數。

結果再次證明，簽名欄的位置大有關係。在檢核表開頭就簽名的人會回報較高的里程數，平均是兩萬六千〇九十八英里；在檢核表結尾簽名的人，平均則是兩萬三千六百七十一英里。這簡單的更動造成超過十%的里程讀數差異。這些研究結果提供了堅實證據：在人有機會心存僥倖前，先提醒要注意誠實表現，光是如此便能對提升端正行為大有助益。

當別人提醒我們自己是誰，也提點了我們當好人、做好事的意圖，簽名絕對有此效果。在我的課堂上，所有學生考試前都要簽不作弊宣言，正是為了這個緣故。

不端行為通常並非細思後的刻意決定，而是意外出現，甚至是無意為之。有鑑於此，隱微的提示尤其重要。想想有些大學生是因為考試很緊張，不由自主地瞄了一眼鄰座的答卷「確認」某題答案，或是拚命趕截稿的記者杜撰了一句引言。這些人幾乎都是不經意地做出不老實的事，匆匆下了決定，就算後果曾閃過腦海也沒去多想。

因此，另一個促使人端正行事的隱微策略，是要人回想有過哪些不實行為而悔不當初。為了測試這個策略，芝加哥大學布斯商學院（Booth School of Business）的艾耶蕾・費巴哈（Ayelet Fishbach）與羅格斯商學院（Rutgers Business School）的奧利佛・薛頓（Oliver J. Sheldon）設計了一系列實驗來測試這個情境：僅是回想過往行為，是否就能促使人做更正當的決定。[50]這個實驗裡，商學院學生要參與一場模擬協商並扮演仲介，代表紐約市高級歷史建築的買家或賣家。買家想打掉建築重蓋旅館，賣家只想賣給會保留原建築的對象。協商開始前，研究人員要一半的學生回想曾作弊或違規佔便宜的經驗，另一半的學生則未被要求做這種回想。

研究人員發現，要人回想曾做過的壞事，確實降低了重蹈覆轍的意願。先回想過去不端行為的學生，有四十五％為了成交而在協商過程中撒謊，不過未作此回想的學生，說謊比例是六十七％。想要促發端正行為，請人回想曾有過的不良行徑，或許不如簽名許諾有效，但別的不說，這個動作或能讓人多想想眼下決定。

同一群學者做的其他研究顯示，給予人誠實行事的提示，例如寫出自己的價值觀與信念，或是反思不端行為的誘因，會降低人裝病請假、偷拿辦公用品，或是怠工逃避額外差事的意圖。提醒人欺瞞行事有多誘人，似乎能提升抗拒誘惑的能力。原因何在？

許多人對輕度違規不以為意。行車超速、未申報額外收入、把個人餐費掛到公司帳上、從維基百科複製幾句，或略微修飾數據——我們都覺得沒什麼。但如果有人請我們凝神想想，我們通常會承認這些事情並不應該。本研究第一作者薛頓寫道：「我們通常認為壞人作惡、好人行善，不端行為都是人品問題。其實大多數人經常會欺瞞不實，這通常跟情境有關，也與人如何看待自己的不端行為有關，而非人品本身的問題。」[51]

這些研究結果——不論是基於實驗或真實世界情境——都說明了我在第一章提出的禽獸迷思。犯下不端行為的大多數人，並非有意或刻意為之，而是由看似無傷大雅的小決定步入歧途。環境略做改變，例如在表格上簽個名、回想過去的行為，就能鼓勵人做更好的決定。

即使是隱微的暗示也能幫助員工抗拒誘惑。新堡大學（Newcastle University）的梅麗莎．貝特森（Melissa Bateson）與同事做過一次極富創意的實驗，藉此檢視微小的提醒是否會促成更正派的行為。[52]在貝特森的辦公室，公用茶水站是採信用制：大家能隨意飲用咖啡與茶，只要自行把錢放進托盤即可。只不過，因為沒人檢查誰有付錢又付了多少，這種制度實則在鼓勵人少付錢。為了理解誠實提示是否會增加大家付的茶水錢，他們準備了兩張告示，在十週期間，每週在茶水站旁輪流貼出：一張印著一雙眼睛，另一張印著花的圖片。

就連研究人員自己都對結果感到驚訝。在張貼眼睛海報的那幾週裡，大家留下的茶水錢是張貼花朵海報的將近三倍。

不論是在文件最上方簽名、回想自己過去的行為，或是看到一雙眼睛，這些案例都說明了在環境中做微小的改變，就能促使人做更好的決定。想要培養倫理行為，或許無須勞駕人力資源部或大學校長做冗長而密集的訓練，略施小計就可以大為改善。

創造直言不諱的文化

想端正職場風氣，有件事情會有助益：開創一個全體員工都能對問題行為自在表達疑慮的文化。認出這類行為的員工通常不願多所表示，他們害怕遭到報復或排擠。惡行因此持續不絕，後續可能帶來嚴重損失。

員工怯於質疑高層，有時會導致危及性命的後果。美國在一九七〇年代發生過多起空難，肇因都是機組人員沒有質疑機長的不當決定，其中包括聯合航空在奧勒岡州波特蘭的一起墜機事故，肇事原因是燃油耗盡。為什麼機組成員會對機長言聽計從？這些事故激發的研究讓我們更了解箇中的心理因素，也從根本上改變了航空業的內部訓練程序。[53]航空公司開始實行美國太空總署開發的「駕駛艙資源管理」（Cockpit Resource Management）計畫，該計畫公認是改善飛安的功臣。

維護健康辦公環境，人人有責——許多組織為了創造這種問責文化而實施各種計畫，具體指示對員工該如何舉報，如果目擊問題行為也要直接介入或檢舉。

工作文化不會一夕改變，但能逐漸轉化，紐奧良警局可謂是最佳範例之一。紐奧良警局在多年間官司纏身，肇因於警察在多起事件中被指控栽贓證據、槍擊未武裝民眾，並且包庇自己人，民眾對警方極度缺乏信任。二〇一四年，麥可・哈里森（Michael S. Harrison）這位新局長走馬上任，肩負改革局內文化的重任。首先，他引進一個警方在外部專家協助下開發的全新訓練計畫，目的是減少瀆職行為。[54]全警局上下有超過一千名警察，都必須參加這個「端正執法即勇氣」（Ethical Policing Is Courageous，簡稱EPIC）計畫。

警界既有的沉默文化（無視同僚不良行徑）有成員普遍認可的社會規範支持，EPIC的重點是改變這種規範，讓警察從沉默轉為致力預防不端行為，從而保護公民。[55]EPIC致力於培養一種預設心理，也就是警察目睹同僚行徑不良時應介入處理，無論是不實報告、栽贓證據或攻擊嫌犯。除此之外，警察也能防患於未然。EPIC輔導他們做一個主動的旁觀者，看到同僚即將出現不必要的有害行為需出手阻止，在介入之餘鼓勵對方離開現場，以免憾事發生。EPIC計畫告訴警察：義氣的意思不是加入同伴作惡或置若罔聞，而是盡力加以預防。紐奧良警局副局長保羅・諾耶（Paul Noel）表示：「積極的旁觀者是有感染力的，直言不諱、心向正派的同事令人難以抗拒。」[56]

這個令人印象深刻的計畫是如何問世的？EPIC主要是基於史陶布影響深遠的研究工作。史陶布是麻州阿默斯特學院心理學教授，學術生涯都致力研究能協助克服旁觀者效應的因素，他對這個主題的興趣源於兒時在匈牙利的經驗。當時史陶布家與其他猶太家庭一樣，面臨在大屠殺中喪生的命運。有位瑞典外交官羅爾・瓦倫堡（Raoul Wallenberg）協助了數千名匈牙利猶太人逃生，也協助了史陶布一家；另外，史陶布有個篤信基督教、對他們家忠心耿耿的保母，她也賭上自己的性命伸出援手。史陶布曾在校園中進行減少霸凌的工作，開發出預防種族屠殺與其他群體暴力的計畫，近年又為警方創立訓練計畫，對付這個似乎在警界猖獗的問題：同儕容忍彼此的惡行，甚至是加以掩飾。

史陶布與警方的合作始於一九九一年，在羅德尼・金（Rodney King）案發生之後。金在臨檢時被多名洛杉磯警察毆打，現場竟有數名警察圍觀。加州執法官員商請史陶布為警局開發訓練計畫，教導旁觀者介入技術，以協助警察預防同僚傷害平民。史陶布的結論是，想要真正的改變，唯有徹底改革警界文化。他的目標是降低出手干預在警察眼中的代價，緩解被排擠或降職的恐懼。史陶布表示：「如果在一個體系裡，需要無時無刻支持同僚，你卻沒做到，你就會經常被同僚排擠或棄而不顧，就連上級也會如此待你，所以干預惡行的代價可能相當高昂。因此重點是整個警察體系都必須信任這個訓練，包括高層，如此一來才會真正改變文化。」[57]紐奧良警局現在實施的ＥＰＩＣ，就是奠基於史陶布開發的計畫。

如今紐奧良警局的領導人全都支持ＥＰＩＣ，包括局長——他自豪地戴上ＥＰＩＣ結訓警員都會領到的勛章，藉此向團隊傳達他對倫理準則的承諾，也代表他個人若出現不當行為也願意接受質疑。其他城市的警局也準備要實施ＥＰＩＣ，包括阿布奎基、巴頓魯治、檀香山與聖保羅。[58]ＥＰＩＣ是哈里森在紐奧良警局任內啟用的，他自二〇一九年三月起就任巴爾的摩警察局長，也有意在該局實施這個計畫。

不論是警察局、法律事務所或參議院，改變職場文化向來都非易事，起初都會遭遇阻力，至少有些人會反對。如果反對來自高層，那麼文化幾乎不可能改變。史陶布曾撰文提及他在加州某警局的一次經驗，當時他請受訓警察練習介入的技巧，結果一名警監拒絕，並說：「我不玩角色扮演。」[59]

有些人或許擔憂，培養直言的文化會讓工作氣氛變得不愉快，員工會不斷你告我、我告你，但事情並不是這樣。建立由上至下的倫理文化，表示大多數員工將遵循合宜的規定與社會規範，在問題行為有機會惡化前，犯規的人通常及早就會被阻止。

不過，要是問題就出在高層呢？

在基層普遍害怕舉報高層的環境中，例如醫院、警局或軍隊，倫理訓練特別重要。[60]如同航空專家約翰・南斯（John Nance）在《為什麼醫院要學飛》（Why Hospitals Should Fly）一書中所述，這些組織的文化必須強調全體成員不論職位都有直言的責任。[61]南斯認為，領導人必須將這個訊息傳達給所有層級的同僚。南斯坦承：「我是很能幹的領導人，不過我也是會犯錯的人類。然而，如果我在身邊放了一個毫無溝通阻礙或顧忌的團隊，因為我培養過他們這麼做的能力，並且明確告知這是他們分內工作，那麼我就知道無論我犯了什麼錯都不會蔓延惡化、造成負面影響。」[62]

要打造員工相信上司與同僚都支持誠實溝通的文化，必須基於兩個要素。首先，員工得相信舉報有其作用、他們的擔憂會獲得重視，而且領導人不會佯裝無知，尤其當始作俑者居公司高位時。其次，員工得覺得同事也同樣關切不端行為，並且會尊重舉報瀆職的決定。即使上司明確鼓勵舉報瀆職，但員工害怕遭到個人報復，例如在社交上被同事排擠或是在工作中被邊緣化，那麼員工很可能仍會保持沉默。

密西根大學羅斯商學院（Ross School of Business）的大衛・邁爾（David Mayer）與同事做

過一系列研究，檢視公司整體文化是否會影響員工對不端行為的舉報。[63]在第一項研究中，他們對某大型企業約兩百名員工進行倫理行為的深入訪調。受訪者要回答他們的上司是否以倫理高標要求員工（「我的主管會懲戒違反倫理準則的員工」），同事的行為又是否符合職業倫理（「我的同事做工作相關決定時，會慎思其中的倫理議題」）。受訪者接著回答他們舉報違反倫理規定的可能性。第二項研究以十六家公司的三萬四千名員工為對象，再度詢問他們的老闆與同僚行事是否符合職業倫理，此外也詢問受訪者是否曾目睹不端行為，當時又是如何反應？害怕報復是否影響了他們的決定？

這兩項研究得到的資料顯示出一致結果：員工如果相信同僚（主管與同事）與他們心懷共同的關切，會更願意舉報不端行為。要是老闆或同事似乎不認為某種行為有問題，或兩者都不在乎問題行為，員工多半害怕被報復，就會傾向保持沉默。因此，在全體人員明顯注重倫理的公司，倫理行為也會成長茁壯。如果同事會因為你去人資部就把你貼上告密的標籤，那麼光有一個會懲處不端行為的老闆還不夠；如果你知道老闆只會視而不見，有同事支持端正行為也不足夠。

令人難過的是，這些研究結果並不教人意外。如果舉報不端行為會害你遭受高層或同事的負面對待，何必自討苦吃呢？大多數人即使面對極端惡劣的行為仍保持沉默，這種恐懼當然是幕後推手。如果你自知會付出沉重的個人或職業代價，就很難做正確的事。這麼做需要道德勇氣。

3 學習行動之道

第9章
了解道德叛客
獨立自信且堅持信念的勇氣

二〇〇三年末，二十四歲的美國陸軍後備軍士喬伊．達比（Joe Darby）抵達美國佔領期間的伊拉克，在阿布格萊布監獄值勤。沒過多久，另一名士兵給了他一片光碟，裡面滿是伊拉克囚犯的照片，許多人呈現被折磨羞辱的慘狀。喬伊內心掙扎，不知如何是好。他知道同袍對囚犯做了不應該的事，又擔心舉報虐囚會遭到報復；他真心重視兄弟情義，不過他有些朋友卻在這事上有分。最終，他寄了一封匿名信給美國陸軍刑事調查司令部，描述自己親眼所見並附上那片光碟的複本。他告訴調查員：「我知道該有所作為。我不想再看到囚犯被虐待，因為我知道那是不當之舉。」[1]

許多人都知道伊拉克囚犯遭到不當待遇——現場目睹虐囚的軍官與士兵、治療囚犯的軍醫、情治人員，以及看到照片或有所耳聞的人。虐囚行為在當地廣被容許，在監獄的某間審訊室，有台電腦還用裸體囚犯疊成的人體金字塔照片作螢幕保護畫面。曾有幾人想揭發或阻止虐囚，不過沒有人的努力比得上達比。

達比為揭發虐囚付出高昂代價。雖然軍事調查員承諾保密他的身分，他也繼續在伊拉克服役，不過他的名字在幾個月後曝光。大家開始罵他是抓耙仔、叛徒。他離開軍隊，在接到死亡威脅後開始接受保護監管。達比的遭遇格外受到公眾矚目，不幸的是，吹哨者落入此種境遇並不罕見。

那麼多人無意干涉，為什麼達比卻想揭發虐囚？本書前幾章介紹了人類在目睹惡行時保持沉默的天性，以及背後的心理與神經基礎。然而，即使不作為有強大的吸引力，有些人還是選擇採取行動。了解這些人行動的原因，或許能知道該如何觸動旁觀者、催生更多道德叛客。

什麼是道德勇氣？

我們經常聽到捨身救人的驚險事蹟：跳進表面結冰的池塘營救溺水的小孩，躍下地鐵軌道扶助失足跌落的人，或是從槍手手中奪槍。無懼可能遭受重傷，仍挺身保護他人，這類行動需要以身犯險和大無畏的精神，理當表揚。話說回來，見義勇為者通常都會受到讚揚，他們沒理由害怕義舉會引來社交報應，反而很可能獲得令人稱羨的社交獎勵。這些行動需要面對莫大危險的勇氣，但不需要克服社交壓力；換句話說，需要的是生理勇氣，而非道德勇氣。

當然了，某些行動需要身心勇氣兼具。有些人就是冒生命危險當義士，例如一九八九年在天安門廣場上，在中國軍隊屠殺抗議人士時挺立於坦克前的學生，或是菲律賓在二〇一七年發生伊斯蘭主義激進分子屠殺非穆斯林事件時，有些穆斯林把基督徒鄰居藏在自家。約翰．馬坎（John McCain）參議員曾淪為北越戰俘，被囚超過五年。他在那段時間承受的折磨彰顯出非凡的生理勇氣，他也曾拒絕提前獲釋的機會，心知這會被政治宣傳利用，更顯現他具備道德勇氣。戰地記者往往兼具道德與生理勇氣，有時為此殉職。

不過，道德勇氣未必只關乎危及性命的情境，本身就代表當事人情願為義舉不顧社交排擠。叫霸凌者住手、反對口出種族歧視或辱罵的同事，或指責朋友的不當性行為，這些都是道德勇氣，因為在社會規範促使我們保持沉默時，仍直言反對不良行徑。人可能為這些行動付出代價，也確實會成為霸凌對象、錯失升遷機會或失去朋友，但鮮少遭遇嚴重的人身危險。

心理學家把展現道德勇氣的人稱為「道德叛客」（moral rebel），這些人「為堅守原則反抗現狀，如果情勢逼迫要在價值觀上妥協，他們會拒絕服從、不願保持沉默，也不會順從了事」。[2]道德叛客堅決捍衛個人原則，即使可能引致負面社交後果也在所不惜，例如遭人非難排擠或職涯受挫。[3]我在本章稍後將探討一些方法，能用於協助自己或別人培養這些特質，在第十章也會有更全面的討論。

是什麼造就道德叛客？

為什麼有人能夠在惡行前干犯嚴重風險、採取行動？我們發現，道德叛客常具有某些共同的特質。首先，展現道德勇氣的人通常很肯定自己；[4]他們普遍擁有高自尊，對自己的判斷、價值觀與能力有信心。這些特質或能幫助抗拒從眾的社會壓力。不過，道德叛客不只相信自己站在對的一方，也相信行動會帶來改變。[5]他們之所以能出手干預，是因為相信自己的行為既有意義、也能左右局面。

研究發現，不論是抗拒反社會行為的同儕壓力，或是反職場騷擾，相信個人判斷與能力可以影響事態發展，都與各種情境的道德勇氣有關聯。二〇一七年，比利時的研究人員以不同規模的公私部門員工為對象，調查有哪些因素能預測人對職場霸凌的反應。[6]他們請員工填寫一系列性格評量問卷，包括對公正世界的信念（「人通常會得到應有的報償嗎？」），以及自我效能的評估（「你有信心能達成個人目標嗎？」）。受試者接著要閱讀一段小故事，內容敘述老闆對助理心理騷擾或霸凌，並回答他們是否會支持那名助理，不論是私下或公開為之。受訪者如果表示對個人行動能力有自信，也就是同意「我能達成為自己設定的大部分目標」、「遇有困難任務，我很確定可以克服並完成」這類陳述，比較不會擔憂介入支持的後果。另一項關於霸凌的研究也得到類似結果：自我效能得分高的學生，較有可能出面維護被霸凌的同儕。[7]

高度自信很重要，相信自己的行動能造成改變，似乎是促使人將善意體現為義舉的要素之一。如果你不認為有差別，又何必出面說什麼，外加承受這麼做的風險呢？

不只成人，高自尊與高自信也是預測青少年道德勇氣的好指標——這個族群必須面對巨大的合群壓力。高自尊的青少年與青年，更可能為相信是對的事挺身而出，即使與同儕背道而行。[8]他們也更能抗拒同儕壓力，不濫用物質或做出反社會行為，例如在學校的牆上塗鴉或無視「禁止進入」的標示。[9]

為了更了解支撐道德勇氣的性格特質，澤維爾大學（Xavier University）的譚美・索南塔（Tammy Sonnentag）與堪薩斯州立大學（Kansas State University）的馬克．巴奈特（Mark Barnett）研究了超過兩百名七、八年級學生的性格特徵。[10]他們首先請學生自評，在面對保持沉默與從眾的社交壓力時，自己會有多大意願對抗他人、做正確的事，或是直言不諱。接下來，他們請各年級所有學生和一位老師為每個學生評分：他們認為各個學生面對妥協壓力時，會堅守個人信念與價值觀的傾向有多強。藉由這種方法，研究人員可以分析那些自認是道德叛客的學生，實際行為是否也讓旁人看得出有此傾向，並非只是自以為很勇敢。最後，所有學生都要填寫一系列其他性格特質的評量問卷，包括自尊、自我效能感（信心）、魄力、歸屬感需求、將個人信念強加於他人的傾向（social vigilantism）。

研究人員發現，不論是學生自評或來自老師同學的評估，他們對於誰是道德叛客都有高度共識。也就是說，這些學生展現的道德勇氣一定明顯到能讓人認出並留下印象。挺身捍衛個人信念的青少年很罕見，這或許是師生都很容易認出他們的原因。

這些小小道德叛客往往具備特定的性格特質。一般而言，他們很自我肯定，對於「我覺得我有不少優點」、「我的做事能力跟大多數人一樣好」這類陳述，都自評了高分。他們也自信有能力達成目標、對抗社交壓力，對於「我能成功克服許多挑戰」、「即使有一群人施壓要我改變，我仍會堅持自己的想法」這類陳述，也表示同意。

這些學生不只有自信與自我肯定，也認為自己的看法優於他人，因此有分享個人信念的社會責任。[11]他們對這類陳述表示同意：「我覺得有說出個人意見的社會義務」、「如果每個人看事情的方式都跟我一樣，世界會變得更好」。相信個人看法正確的信念，幫助他們在其他學生傾向沉默時出面發言。

最重要的或許是，這些學生較不在乎融入群體。這表示當他們不得不在合群與義舉之間挑選，後者是很可能的選擇。

這些研究結果告訴我們，道德勇氣並非某種明確的單一特質，這與自我肯定或自認有行動能力並不相同。反之，道德叛客似乎有一整套獨特的性格特質，讓他們即使在面對社交壓力要求保持沉默，仍有行動所需的技巧與資源。

針對成人道德叛客的研究也發現了一組類似的性格特徵。為了分析與勇氣有關的性格，法國克萊蒙奧弗涅大學（University of Clermont Auvergne）的亞歷桑迪娜・莫祖克（Alexandrina Moisuc）與同事做了一系列實驗，檢視人在不同情境中插手幫忙的可能性。[12]他們招募了大學生與一般民眾為受試者，請他們閱讀各種情境描述並回答問題。其一是火車上有青少年嘲笑同志與殘障人士，其二是一個男人在動物園裡甩三歲兒子巴掌，其三是有人把衛生紙丟在人行道的垃圾桶旁邊。受試者要回答是否會出面制止，隨便什麼方式都無妨。

研究人員發現，表示會或不會做點什麼的受試者，兩者有極大差異。會對不當行為提出反對的人，獨立性（即使與他人意見相左，仍不怯於表達想法）與外向性（開朗直率、好交際、有活力）都比較高，利他與社會責任量表的得分也較高，可見他們對受害人感到同情，自覺有道德義務該幫忙，且傾向認為自己獲同儕接納。

這類研究有個缺點：僅依賴受試者自述想法。不過，某些性格變因是否真能預測現實世界的助人行為，才是我們真正想知道的。畢竟大多數人都自以為會在事故中挺身而出，但就前面已經看過的，人通常是徒有好意而無所作為。

為了克服這個問題，哥倫比亞大學的研究人員選出一群人來檢視其性格特質，這些人確實曾在真實事故中幫助過別人：納粹大屠殺。[13]在那種狀況下採取行動，顯然需要生理勇氣，但有鑑於當時大多數人都束手無為，這麼做仍需要道德勇氣。這群研究人員比較了三類不同成人的性格特質：在大屠殺中營救過至少一名猶太人、未幫助任何人、在二戰開始前離開歐洲。

曾冒生命危險協助猶太人的受試者，在許多方面有別於未伸出援手的人。他們的獨立性與知覺控制（perceived control）得分較高，顯示在他人反對時仍願意持守個人信念，並覺得人生結果是出於自己的努力與選擇。他們的冒險得分較高，會欣然承擔有危險的任務。這些綜合屬性似乎賦予他們發揮勇氣的信心。他們還有些其他的重要特質，與關懷他人有關：利他心、同理心、社會責任感。這些特質或許激發內心的同情心與採取行動的渴望，即使為此要冒重大個人風險。

當然了，大多數人自忖是否該有所行動時，面對的是比較平凡的情境，與大屠殺差得遠了。為了研究這類日常情境，德國漢諾威醫學院（Hannover Medical School）的研究人員與某家地方醫院合作，請院方告知有哪些民眾曾為車禍受害者做急救。[14]研究人員聯絡這些民眾填寫性格評量問卷，結果有三十四人同意參與；此外，研究人員也請目擊車禍卻未伸出援手的民眾填寫相同問卷。最後發現，曾對車禍伸出援手的人，在知覺控制、同理心、社會責任感的性格特質得分較高——與曾在納粹德國營救猶太人的受試者完全相同。

這些研究綜合起來，為道德叛客描繪出這樣的面貌——有信心、獨立、有利他心、高自尊，並且有強烈的社會責任感。

不受社交抑制影響的性格

道德叛客最重要的性格特質之一，是較不在乎融入群體，也不怕發聲力挺堅持的信念與價值觀。波士頓學院（Boston College）研究團隊的調查揭露了這些特質，他們以新英格蘭地區某間中學為對象，檢視學生對同學的恐同行為有何反應。[15]學生要回想在受訪前一個月間，有多常聽聞或目睹恐同行為（同學說男女同志或雙性戀的笑話或粗話），他們當下有何反應，例如試著勸阻發話者、維護被攻擊的學生，或是告訴師長。受訪學生也要填寫多種性格特質的自評量表，包括勇氣（「面對強烈反對，我通常仍堅守立場」、「我能面對自己的恐懼」）、領導力（「我會擔起主導責任」、「我總是第一個採取行動的人」）與利他心（「我關心別人」、「我讓別人覺得被接納」）。

三分之二的受訪學生表示曾見證某種恐同行為，但反應有很大差異。女生比男生更可能有所反應，同性或雙性戀學生也比異性戀學生更有反應。這些結果與早先的研究一致，顯示女生更容易同理霸凌受害者、人比較願意為同一個小圈圈的成員仗義執言。利他心與勇氣自評分數高的學生也較常有反應。他們或許較不在乎挺身而出的潛在社交代價，而是更在意無視有害行為的後果。一般的領導力特質，反倒跟較高的回應比率無關。研究人員推測，恐同可能是部分中學生提升社交地位的方式，實際表現就是打壓或嘲笑社交位階落於下風的同學。

與仗義執言的受訪學生相較，自我意識（self-conscious）強或是容易感到丟臉的學生，更傾向對不良行為保持沉默。他們特別在意尷尬互動的社交後果，因此盡量避免，就連低風險的社交衝突都想避開，例如提醒別人臉上有墨漬、牙縫裡有東西等等。[16]

有些人害怕社交尷尬，在風險輕微的情境中不會行動，因為這時能輕易說服自己沒反應也無妨，反正不會有嚴重後果。不過，怕尷尬的影響不止於此。心理學家發現，特別在意要表現得泰然自若的人（因此格外不願別人認為他們反應過度），較不會幫助看似嗆到的人。[17]即使這種狀況的後果可能嚴重很多，仍有些模糊地帶（對方可能只是在咳嗽），足以使怕出糗的人壓下幫忙的念頭。

對於融入群體的在意程度因人而異，我們已經發現這與某些腦部結構的差異有關。紐約大學、倫敦大學學院、丹麥奧胡斯大學（Aarhus University）共組的一個研究團隊設計了一項實驗，檢視腦部結構差異與抵抗社交壓力的意願是否相關聯。[18]首先，研究人員找來二十八名受試者，透過核磁共振掃描取得他們腦部的立體影像，以體素型態計量法（voxel-based morphometry）計算他們大腦灰質的體積（灰質負責處理資訊，包括肌肉控制、視覺與聽覺、記憶、情緒、決策與自我控制等等）。接下來，受試者要列出喜歡的二十首歌曲並評分，而研究人員聲稱有音樂專家也為這些歌曲打了分數，並且讓受試者參考，其中有些歌曲的排名與受試者不同。受試者接著會得到一次重新為歌曲排名的機會，研究人員藉此得以觀測他們改變個人評分以符合「專家」見解的程度。

結果顯示，評分改動幅度最大的受試者，側眼眶額葉皮質（lateral orbitofrontal cortex）的灰質體積也較大。根據其他研究，側眼眶額葉皮質會指引人遠離想避免的事物。[19]這個腦區會創造事件記憶，而且是帶來某些不悅結果的事件，例如觸碰某個開關會被輕微電擊。因為個人喜好偏離「正確」的選擇而導致不愉快，顯然是這些受試者極想避免的事。

關於道德叛客，這個實驗告訴了我們什麼？個人對社交衝突的調適能力顯然有別，腦部結構差異也反映出這種傾向。換言之，對有些人來說，與別人不同的感覺真的很糟。但對另一些人來說，或許沒那麼重要，所以也較容易抵抗社交壓力。不過，這個研究沒有說明差異的根本原因。有些人的側眼眶額葉皮質天生就有比較多灰質嗎？又或者是對社交壓力的反感增加了這個腦區的體積？這還無從得知，不過我們確實知道，抵抗社會影響的能力因人而異，這種差異也能從腦部測量得出來。

社會影響易感性的個別差異，除了腦部結構，是否也能從神經反應模式看出來？有更晚近的研究檢視了這個問題。賓州大學的艾蜜莉．費克（Emily Falk）與同事以剛拿到駕照的青少年為受試者，觀測他們的腦部對社交排擠有何反應。實驗所用的工具是電玩遊戲「網路球戰」，也就是這類研究的標準實驗程序：在拋接球遊戲中先讓受試者一起玩，後來卻把他們排除在外（我們在第四章說明過）。[20]

實驗一週後，研究人員要同一批青少年參加兩場駕駛模擬，以觀測他們的冒險行為模式。受試者要獨自完成一次模擬，另一次則與一名青少男乘客同行（其實他是實驗員的暗樁）。一半受試者搭配的乘客是安全駕駛，那名乘客會對他說：「不好意思，我有點遲到，我車開得比較慢，路上又一直遇到黃燈。」另一半受試者搭配的是危險駕駛，他會說：「不好意思我有點遲到，我通常開得快多了，不過路上老是遇到紅燈。」研究人員接著檢視受試者會出現怎樣的駕駛模式。

如同研究人員的預測，玩網路球戰時很介意被排擠的受試者，在模擬駕駛中更容易受到同儕在場的影響。有些腦區的功能是關於社交挫折（腦島前區、前扣帶回皮質）和心智化（背內側前額葉皮質〔dorsal medial prefrontal cortex〕、右側顳頂葉交界處〔right temporal parietal junction〕、後扣帶回皮質），而這些腦區在被排擠時變得最活躍的青少年，只要與同儕同車（不論對方是安全或危險駕駛），都比獨自駕車時出現更多危險駕駛行為；如果他們與愛開快車的青少年同行，特別有可能在黃燈加速（這是本研究觀測危險駕駛的指標行為）。

這個實驗顯示，如果有些青少年比別人更受不了被排擠，他們跟同儕在一起也更容易冒險行事。本研究第一作者費克解釋：「被排擠時，腦部掃描顯示反應最敏感的孩子，與人同車駕駛時也會比較冒險，會加速闖黃燈。」[21]

同一團隊的另一項研究提供了額外證據，顯示與社交排擠有關的神經活動模式，可以用來預測青少年的從眾傾向。青少男受試者要在這項研究中參與兩階段實驗，第一階段先透過網路球戰讓他們經歷社交排擠，同一時間，研究人員用功能性磁振造影儀觀測他們的腦部。第二階段是類似的駕駛模擬，情境設計也一樣，受試者要獨自模擬一次、與一名青少男暗樁同車一次，而那名暗樁會表示自己喜歡開慢車或快車。[22]

結果再度顯示，青少年被排擠時的腦部若出現某些活動模式，從眾的機率會較大。在這次實驗中，回應社交挫折與心智化的腦區之間如果出現較密集的連結，青少年就較可能迎合同儕的駕車習慣。雖然之前的實驗顯示，青少年回應社交挫折（被排擠）與心智化（嘗試了解他人的感覺與思想）的腦區若是較活躍，也會比較從眾，不過後面這次實驗又發現，這兩個腦區的連結如果比較強，也會導致更高比率的從眾行為。由此可見，被排擠所引發的神經反應，與順從同儕的動機有直接關聯，而這是避免社交挫折的方式。

自覺較不需從眾的人，除了甘犯社交風險，或許也無懼人身風險。在《論殺戮》（On Killing）一書中，軍事心理學家戴夫．葛司曼（Dave Grossman）探討了擊落最多敵機的空軍駕駛有何共同點。[23]他發現這些人小時候經常打架，但並不是欺負人的小霸王，而是反擊霸凌者的人。「不怯於對抗他人」這種特質在戰鬥中對他們助益良多。[24]

不顧他人想法的心態，或許是達比決心向軍事調查員揭發伊拉克虐囚案的幕後推手。羅伯特．艾文（Robert Ewing）是達比的中學老師與美式足球教練，他說達比是個心思獨立、不急於討好人的學生。艾文向《華盛頓郵報》表示：「如果喬伊信了什麼事情，他完全不怕挑戰我。他一旦相信什麼就會加以捍衛。」艾文在CBS新聞的訪問中又說：「達比不會跟著同學走……（他）不會顧忌別人的想法。」[25]

同理心的影響

一九九九年，曾任警察的凱瑟琳．波克瓦克（Kathryn Bolkovac）受雇於英國私人軍事承包商德陽集團（DynCorp），在波士尼亞與赫塞哥維納和聯合國國際警察隊工作，擔任人權調查員。她在工作期間發現德陽官員行為不檢、做出性犯罪，不只召妓還強暴未成年少女，並涉足色情人口販運。她向上級舉報這些犯行卻遭到降職，隨後又被解雇（她在二〇〇二年打贏了非法解雇的官司）。

為什麼她想要出面揭穿這件事？促使波克瓦克舉報的因素之一是她自己有三個孩子，她感到與那些受虐女童有個人連結。她告訴美國公共廣播電臺（National Public Radio）：「我的孩子——我的親生女兒——當然有閃過我的腦海，不然我就是在騙人。」[26]

根據堪薩斯大學社會心理學家丹尼爾．巴森（Daniel Batson），利社會行為，也就是意在助人的行為，能透過兩種不同途徑激發。[27]第一種是「利己途徑」，助人主要是為自己：如果行事的收益大於付出，我們就會助人。我們給街友一美元能讓自己感覺好過些，就是利己途徑在發揮作用：付出微不足道（只有一美元），收益卻比較大（不會有棄對方不顧的罪惡感）。

不過，根據巴森的同理心—利他假說（empathy-altruism hypothesis），還有一個「利他途徑」：我們真心想助人，即使這麼做有其代價。根據利他途徑，我們對別人生出同理心，並且能真切地為人設身處地著想、無私地奉獻。[28]這種從他人觀點看世界的能力可以促使我們助人，即使代價高昂也不足惜。波克瓦克有能力想像親生孩子受虐的光景，或許足以讓她產生同理心，促使她舉報不端行為。

同理心或也解釋了我們為何較容易幫助朋友，而非陌生人或點頭之交。面對職場霸凌，我們比較有可能幫助朋友而非單純的同事。[29]大學生也表示，如果被性侵的是朋友而非陌生人，他們較願意介入阻止。[30]普吉灣大學（Puget University）與德州大學奧斯汀分校（University of Texas at Austin）的研究人員以大學生為對象，檢視他們是否會捍衛網路霸凌受害者，若被欺負的對象是他們的朋友。[31]研究人員請部分受試學生回想受訪前六個月期間，是否有認識的人在臉書上遭到霸凌；另一些受訪者則要想像，有人未經同意就把朋友的糗照貼到他的動態消息上。兩組學生都要回答是否會對狀況做出反應，又會如何反應。匿名性愈強、社群人數愈多，都會降低大學生介入的可能性。不過，有個因素會加強學生介入的意願：他們自覺跟受害者的親近程度。

加州大學洛杉磯分校的梅根．梅爾（Meghan Meyer）與同事做了一個實驗，請受試者與最好的朋友一起來實驗室，測驗他們在目睹朋友或陌生人遭遇社交挫折時，是否有不同神經反應。[32]研究人員讓受試者觀看兩場「網路球戰」遊戲，其中都有一名玩家被排擠，一個是他們最好的朋友，另一個是與受試者同性別的陌生人（兩場遊戲其實都是預錄的模擬影片）。同一時間，研究人員用功能性磁振造影儀觀測受試者的腦部反應。

當受試者以為朋友遭到排擠，他們的背側前扣帶回皮質與腦島活化起來，這些區域與情緒痛苦相關，在我們親身經歷情緒痛苦時也會活化。當他們以為看到的是陌生人被排擠，腦部活化的是背內側前額葉皮質、楔前葉與顳極（temporal pole）——這些是我們用來思考他人特質、信念與意圖的區域。所以說，看到朋友遭遇社交挫折，似乎讓我們感同身受而生出同理心，但看到的是陌生人就不會有此感受了。

雖然比起陌生人，人向來會對身陷困境的親友生出更多同理心，只是同理心的強度會隨個人有程度差異。為了觀測差異，研究人員通常會詢問他人情緒如何影響受試者個人情緒，[33]包括與人同喜和同悲的程度，例如這些評量測驗題：「朋友跟我說他遇上什麼好運道，我會真心為他高興。」、「有人在我面前受到傷害，我會覺得難過。」在這些測驗得分較高的受試者，不論是面對實驗室或真實情境，都表示他們較願意挺身對抗惡行。例如，看到別人落難會很不好受的學生，更有可能出面維護被霸凌的同儕。[34]

荷蘭馬斯垂克大學（Maastricht University）的陸德．霍滕斯（Ruud Hortensius）與同事做了一系列實驗，探索同理心程度不一的人在事故中會如何反應。首先，他們測量受試者看到有人陷入困境時的不適程度，作法是請受試者回答對下列這類陳述的同意程度：「我容易在緊急事故中失控」、「看到有人身陷意外、亟需幫忙，我會緊繃到不知該怎麼辦」。至於受試者真正的同理心，是藉由對下列這類陳述的反應來評估：「對與比我更不幸的人，我常感到心軟與關懷」、「我常被自己目睹的事情深深觸動」。[35]接下來，受試者要觀看一段影片，不過每人看到的內容不太一樣，有時是一個女人跌倒在地（意外事故），或是這個女人重新站起來（非意外事故），影片中也會出現一個、四個，或完全沒有旁觀者。受試者要判斷影片中是否有人需要幫助，並且在決定後盡快按下「幫」或「不幫」的按鍵。在受試者看影片的同時，研究人員使用「穿顱磁刺激」（transcranial magnetic stimulation）技術，以脈衝波刺激受試者的運動皮質，也就是掌管肌肉活動的腦區，同時將一根電極貼在手腕與拇指根部間的肌肉上，分析受試者的「行動預備狀態」（action preparedness，對刺激做出反應的預備程度）。這是神經科學家常用的實驗程序，用來評估腦的某部位受刺激後，是否會指示身體有所行動。藉由這個方法，研究人員不只能知道受試者的反應快慢，也可了解他們的肌肉活化程度。

與非意外事故的影片相較，如果影片播放的是沒有旁觀者的意外事故，自評對他人受苦會有強烈不適感與同理心的受試者，反應會較快。不過，若是觀看有多名旁觀者的意外事故影片，自評個人不適感較高的受試者（代表看到他人有難會感到更強烈不適），展現的行動預備狀態較差。由此可見，很在乎自身不適感的人看到別人有難，如果知道有其他人可以幫忙，就不會採取主動。至於有高度同理心的受試者，他們的行動反應程度，與可能幫忙的旁觀者人數則未顯示關聯。同理心強的人，即使有可能會幫忙的其他人在場，仍會出現肌肉活化反應。

因此，出手幫忙事故或許是出於不同動機使然。有些人助人是為了消除心頭不適感，但若有別人出面幫忙，他們也樂意讓賢、看別人忙就好。不過，另一些人助人是出於對落難者的關切，並不是求自己舒心，所以有多少旁觀者可能幫忙並不重要。

喬治城大學（Georgetown University）的艾比蓋爾．馬許（Abigail Marsh）與同事想確認同理心的神經基礎，找來十九名受試者以檢視其腦部活動模式。這些受試者都有過超乎常人的善舉：捐贈腎臟給完全不認識的對象。[36]實驗結果發現，這些捐贈人的杏仁核（腦部處理情緒的一個區域）體積比多數人大八%，也顯得比較活躍。

解讀這個實驗結果要很小心，因為這指出的是相關性而非因果關係。或許這些捐腎人的杏仁核天生就較大而活躍，從而較關懷他人，但也有可能極度利他的行為能主動重塑腦部構造。不論因果關係為何，超群的利他主義者確實表現出獨特的神經活動模式，而這種模式與他們對情緒的反應較為強烈有關聯。展現這類無私贈與行為的人，對助人代價的體驗或許有別於旁人：不幫助別人可能害他們更難過。

也有證據顯示，展現超凡利他行為的人，不論是自己痛苦或看到別人痛苦，都會有獨特的神經反應。在一項實驗中，研究人員讓近六十名受試者填寫同理心量表，其中一半受試者曾捐腎給陌生人，另一半沒有。[37]每位受試者接著與一名陌生人配對，共同進行一系列測試。在其中一套測試中，受試者要觀看同伴的右手拇指甲被用力擠壓到疼痛，同時研究人員用功能磁振造影儀記錄下受試者腦部活動。在另一套測試中，受試者本身的拇指甲被重壓，腦部活動同時也做記錄評析。由研究人員比較兩套測試所得的資料。

對大多數人來說，親身經歷疼痛比看他人受痛的感覺糟多了。不過，那些曾有超凡利他行為的受試者，不論是自己吃痛或看他人受痛，腦部反應幾乎一模一樣，這顯示他們猶如親身感受別人的痛苦。既然他們對別人的痛苦有如此深刻體會，捐腎給陌生人或許是合理的抉擇：如果對別人的痛苦感同身受，幫助對方會讓他們好過些。

捐腎給陌生人，與其說是道德勇氣，不如說是生理勇氣，絕少有人會因為捐腎而看不起你，但你確實要冒人身風險。不過這些實驗的發現也暗示了道德勇氣的存在，對於願意行義舉並面對社交後果的人來說，有同理心是一項重要的性格特質。

找到你內心的道德叛客

我們已經在本章看到，道德叛客擁有大多數人沒有的一些特質。他們肯定自己，有同理他人的能力，也不太在乎融入群體。這些特質綜合起來，使得有些人（例如達比）能為正確的事挺身而出。

那其他人呢？難道我們註定怯於指責惡行，只能默默旁觀嗎？幸好不是。天生不具道德叛客傾向的人，還是能夠培養抵抗社會壓力的能力。[38]換句話說，我們都能學習成為道德叛客。

首先，我們必須親眼看到有人實踐道德勇氣。史丹佛心理學家亞伯特・班度拉（Albert

Bandura）建立的社會學習理論（social learning theory）顯示，人是藉由觀察環境中的其他人來學習行為，學習對象包括家長、老師與其他楷模。觀摩曾展現道德勇氣的典範人物，能鼓舞我們有為者、亦若是。心理學教授朱莉・賀普（Julie Hupp）指出：「兒童在成長過程中若是常看到父母捨己助人，也很容易有樣學樣。」[39]

有些人在社會動亂中見義勇為，父母的模範就能夠解釋他們的道德勇氣。在一九六〇年代的美國南方，許多參與遊行靜坐的民權運動人士，都有充滿道德勇氣、積極參與公民活動的父母。許多在大屠殺期間幫助猶太人的德國人也一樣。[40]社會學家荷莉・耐斯・布蘭姆（Hollie Nyseth Brehm）與妮珂・福克斯（Nicole Fox）曾研究一九九四年盧安達種族屠殺期間的助人行為，發現要預測民眾在大屠殺期間是否會選擇協助難民，最有效的因子是他們的父母是否樂於助人。[41]在至少拯救過一名難民的受訪者當中，有過半的人表示自己的父母或祖父母也曾在早先的暴亂時期協助過別人。因此，道德勇氣的楷模或許很能激勵後人也勇於行動。

其次，我們需要技巧，也得加以磨練。即使想做正確的事，缺乏抵抗群眾所需的技巧仍難以成事。家長、老師與其他大人能協助兒童培養這些技巧，做法是鼓勵他們辨認社交壓力、質疑權威。喬・迪莫（Joe Dimow）曾參與米爾格蘭實驗，是少數幾個成功反抗實驗員督促、沒有在電擊漸強時仍繼續下去的受試者之一，他把自己的決定歸功於原生家庭「深信階級鬥爭的社會觀，讓我警醒權威的是非觀通常與我不同」。[42]

培養這些技巧能協助對抗社交影響力，即使在極度重視合群的青少年時期也派得上用場。維吉尼亞大學（University of Virginia）的心理學家曾做過一項實驗，招募了超過一百五十個育有一名七或八年級兒童的家庭，目的是探討物質濫用與社交技巧、親密友誼、家長和青少年關係之間的關聯。[43]青少年要填寫一份量表，評估自己怎麼應對棘手情境，例如與同儕、家長和老師起衝突，以及如何處理有違法誘因的情境，例如在商店行竊。受試青少年也要與母親進行兩種互動：討論有爭議的家庭議題（成績、朋友、家規），或是提出當下的困擾向母親尋求建議或支持。研究人員錄下親子互動過程，並編碼記錄受試青少年為個人信念堅定發聲的程度，以及母親溫暖支持的程度。研究人員在兩到三年後聯絡同一批青少年，詢問他們是否有濫用酒精與大麻等物質。

青少年與母親的互動關係，對他們之後的物質濫用行為有很強的預測力，比以為的高出很多。與母親爭辯時能堅守個人立場的青少年（是用講道理的方式，而非抱怨、施壓或辱罵），也是多年後最能抗拒同儕壓力、不會濫用藥物或酒精的人。反之，容易在爭執中屈服的青少年，顯見就算未被真正說服自己的立場錯誤仍會退讓，在多年後的回報大半都有喝酒或抽大麻。這些青少年或許會表現出與實驗時類似的行為模式：表面上抗拒朋友的壓力，最後仍會屈服。獲得母親高度支持的青少年也較不會回報物質濫用行為。母親在互動中表現出溫暖與正面的態度，顯示出她們把孩子當成獨立個人來重視與欣賞（雖然這個實驗只納入母親，父親的講理與支持很可能會產生相同好處）。

這些關聯背後的確切機制尚不清楚。發揮作用的究竟是親密的親子關係，或是理性表達觀點的歷練？有個可能是，曾經練習過有效論證的青少年，較會把同樣技巧用在同儕身上。他們已經習得如何表達個人意見，在壓力下仍堅定不移。親子關係是溫暖支持型的青少年，也不會倚賴朋友的意見，在某種程度上他們心知肚明：即使某個決定害他們損失了一個朋友，媽媽或爸爸永遠都在。

第三，我們要培養同理能力。不論種族、宗教、政治或文化，花時間與不同出身背景的人相處並真正了解對方，有助於培養同理心。肯特大學（University of Kent）的妮可拉．阿伯特（Nicola Abbott）與琳西．卡麥倫（Lindsey Cameron）透過研究證實，英國白人中學生如果與不同族裔的人有較多接觸，不論是透過社區、學校或運動隊伍，會擁有比較強的同理心，面對不同文化背景的人心態也較開放，並展現出濃厚興趣。[44]這些學生會用更正面的方式看待不同少數族群（認為對方誠實、友善、勤奮），比較不會說對方蠢笨、懶惰或骯髒。這種多方接觸有其效益。同理能力與開放程度較高、偏見較少的學生，被問及當聽見同學說種族粗話會有何反應，他們較可能表示會直接反對、支持受害者，或是通報老師。這類學生要是真遇到狀況，未必會將善意化為實際的介入行動，不過善意至少是重要的第一步。

主動培養對他人的同理能力也很重要，尤其是年輕人。一項統合分析綜合了七十二份針對美國大學生的研究，時間橫跨三十年（一九七九到二〇〇九年），結果顯示大學生的同理心正逐漸減弱。[45]例如，「我有時會揣摩朋友看事情的觀點，希望藉此更了解他們」、「對於不如我幸運的人，我常有心軟與關切的感受」，比起一九七〇年代的大學生，二〇〇〇年代的大學生對這類陳述的同意比率較低。

在同一期間，大學生在同理心減弱之餘，相應變強的則是自戀心態，也就是對自我抱持過度正面的觀感。[46]其他社會因素或許也導致了同理心喪失，包括更關注個人成功而非人際關係。[47]這種轉變的原因尚不清楚。是社群媒體嗎？還是教養方式？或是壓力沉重的大學入學申請程序？無論如何，後果無從爭辯：同理心減弱，道德叛客也會變得比較少。

師長與社群成員可做幾件事來反轉這股趨勢。首先，他們強調同理心是一種技巧，而非固定不變的特質。雖然有些人似乎天生同理心比較強，但我們都能透過練習來培養這種能力。[48] 史丹佛大學的卡蘿‧杜維克（Carol Dweck）與同事曾透過研究證明，光是得知同理心可以培養，就足以增加人了解他者觀點的意願。[49] 我們已經發現，得知同理心可以培養的人，比較願意和觀點對立的人交談，不論是對社會或政治議題，也比較願意傾聽出身不同種族的人講述個人故事。

這些事例應該能為大家帶來希望。同理心是成為道德叛客的關鍵第一步，也是人人都能培養的特質。

第10章 成為道德叛客

從踏出勇敢的一小步開始

大多數人看見別人身陷麻煩，通常只會默默旁觀，本書主要就在探討這種傾向的心理成因。我也提到許多人仍展現出可敬的道德勇氣，然而在惡行當前時，我們不能光是坐等道德叛客挺身而出。我們真正需要的是更多人仗義執言，不論各人的天性如何。換句話說，我們需要培養更多的道德叛客。

本書已提到不少人人都能派上用場的策略，不論是在家庭、學校、職場或社區，這些策略都能用來鼓舞道德勇氣、促成社會亟需的改變。在本書最後，就讓我們來重溫一些策略，並且整合運用。

相信改變會發生

很多人之所以在惡行前保持沉默，是覺得孤掌難鳴。如果人人心有此感，無人願意行動，惡行就會持續不絕。培養道德叛客有個關竅，就是要幫助人了解沉默的代價，並說服他們行動會有作用。

史丹佛大學的安妮塔・拉登（Aneeta Rattan）與杜維克做過一項實驗，檢視人如果相信點破偏見有其作用，是否會影響他們這麼做的意願。[1]他們以非裔、拉美裔與混血裔的學生為受試者，請他們與另一人透過網路討論入學標準該如何訂立。每個學生的討論伙伴都是一個名叫麥特的白人大二生，但他其實是實驗員扮演的。在討論進行中，麥特會寫：「我真的很擔心，因為那些多元入學之類的規定，我必須高出標準更多才能錄取……有太多學校把名額保留給資格參差不齊的學生，我快煩死了！」

研究人員想知道：誰會對麥特的說法表示反對？

首先是壞消息：整體而言，只有大約二十五％的學生反對麥特。但也有好消息：受試者在實驗前先接受調查，在此表示認同性格可以改變的受試者，更有可能對麥特的說法提出疑慮，將近三十七%質疑了麥特。其他受試者可能認為，如果介入後不會造成改變，指責麥特的不當發言也沒用。

如果偏頗言論更露骨，是否會引發較高比率的介入行為？為了測試這個問題，同一群研究人員做了第二次實驗，受試學生要閱讀一段情境描述，場景是假想在某知名公司暑期實習的第一天，與其他實習生聊到對公司的第一印象，結果有個男實習生說：「我真的很驚訝，有這麼多不同的人在這裡工作……都是那個『多元』雇用政策──要顧及女生、少數族群、外國人什麼的。不知道這間公司還能維持巔峰狀態多久？」

大多數受試者都認為這段話非常冒犯人。研究人員接著問他們是否會出言反對（「我會平靜但堅定地表達我的觀點，希望能教育他」），還是會避免與發話人交鋒（「我會盡量假裝他沒說過這種話」）。受試者也要回答之後會避免與對方互動的可能性。

這一回，學生要回答的是他們認為自己會怎麼做，而不是有人從旁觀察他們的真實行動──如同第一個實驗，他們是否相信人的心念可能改變，會造成很大差異。認為性格有可塑性的受試者（杜維克將此定義為「成長心態」的關鍵特質），較有可能會反詰出言不遜的實習生，說他們未來將避免與對方互動的比率也較低。認為性格和能力與生俱來且難以改變，也就是有「定型心態」的受試者，傾向選擇較消極與迴避的反應。所以說，如果你想培養仗義執言的勇氣，相信這麼做能帶來改變是個很好的開始。

學習技巧與策略

光是相信改變的力量，尚不足以使大多數人對抗惡行，還需要一些實作技巧，而且最好是別太咄咄逼人的。一如在第四章所見，受過某種特殊訓練，例如急救或心肺復甦術，面臨性命攸關時較有可能介入協助。如果要面對的是社交代價，特殊訓練同樣能發揮重大功效、助人介入惡行。

大多數人想到要對抗惡行，一大恐懼是尷尬不自在的感覺。我們不想引人側目或是出糗。學些簡易的策略可以培養道德勇氣，但也需要一套實作技巧。說到底，質疑有浮報旅費嫌疑的同事，或提點隊友說話有性別歧視嫌疑，各需以不同方式著手。如同我們在第一章所看到，在米爾格蘭實驗中最能抗命的受試者，是那些使出多種拒絕方法的人。[2]

仗義執言有個策略：簡潔地表達你的關切與不認同。才不至於陷入冗長的「說教時間」

或使對方丟臉，只要同時對旁觀者與言行欠妥的當事人指出哪裡不應該就好。有項研究檢視了對職場恐同言論的各種反應，發現最有效的反對方式是平靜而直接地說：「嘿，這樣說不好喔」，或是「不要用那種字眼」。[3]類似方式可用於幾乎所有的不當行為，從阻止校園霸凌到點出同事虧待下屬，都能派上用場。公開表達不認同，就是在明確傳達什麼事情不被接受。想要創立新的社會規範，這是不可或缺的第一步。

另一個選項是讓人知道你覺得不舒服，而不是讓對方覺得不舒服。這降低了對方難受或豎起防衛心的風險，卻還是能點出他們言行的不宜。你可以說，「我是在天主教會長大的，這種話我聽起來很難過」，或是「我有個好朋友在中學被性侵過，強暴的笑話讓我覺得很不舒服」。

另一個策略是假設對方在開玩笑（即使並非如此），並從這種角度去回應。例如，有人針對女人選總統說了歧視語句，你可以回說：「我知道你只想開玩笑，不過有些人真的認為女生太情緒化、不能當總統欸！」藉由這種說話技巧，可以對發話者或在場其他人表明你的不同意，又不會讓語帶歧視的人顯得愚蠢或丟臉。這會把他們納入你的陣營，從外團體變成你的內團體成員。

練習、練習、再練習

學習反對偏見或不端行為的各種技巧可以帶來改變，但光學還不夠：練習也很重要。積極演練各種應對的方式，可減少仗義執言的障礙，做出反應比較自然。練習也會增加信心，一旦遇到狀況時即有能力介入。

不論是在中小學、大專院校或職場，最有效的訓練不只教人如何處理棘手狀況，也會讓學員藉設計活動或角色扮演來大量練習。不論是防治性侵的旁觀者介入計畫，或是紐奥良警局推行的ＥＰＩＣ訓練計畫，重點都在大量練習。

受訓加練習，對小孩也很有效。德州大學的研究人員設計了一個教人回應性別歧視言論的訓練計畫，在美國西南部某間小學對幼稚園到三年級的學生推行。[4] 所有孩子都要上一套關於霸凌與性別刻板印象的課程，課堂中會示範什麼叫性別歧視言論：「只有男生可以玩這個遊戲」、「你不能當醫生、你要扮護士」、「男生的數學比女生強」。學生接著被分成兩組，講員對第一組說兩個故事，描述別的孩子被朋友說了性別歧視的話，聽完以後，學生要畫出最喜歡的一個故事情節。第二組學生要演練設計好的說法來回應歧視言論，例如「好了啦，沒有哪一種人是最好的！」，或是「我不同意！我覺得性別歧視很傻！」

訓練結束後，研究人員故意讓兩組學生聽見性別歧視言論，藉此評估他們的反應。研究人員聲稱撿到了失物，分別請孩子把東西拿到教師辦公室還給失主，孩子拿到的物品都與一般性別刻板形象相反：女生拿的是工具腰帶、男生拿的是女用提包。在受試的孩子走向辦公室途中，有個與他們同性別的孩子（是老師特地選出很會演的學生，遵照研究人員的指示演出）會對他們說一句帶有性別歧視的話：「這種包包是女生用的！」，或是「工具腰帶是男生用的！」同一時間，觀察員會躲在一旁如實記下孩子的反應。研究人員再把反應歸為四個類別：「同意」（「我知道啊！」）、「無視」（沒說什麼，只是走過另一個孩子身邊）、「抗議」（「你這樣說很壞心！」），「反駁」（「世界上才沒有只有男生能用的東西！」）。

研究結果彰顯出練習的益處。實際演練過回應方法的那組學生，有二十%做出反駁，另一組則只有二%。光是學習回應偏差言論的策略並不夠，至少對大多數人來說不夠：我們也需要練習。

從小處做起

養成道德叛客的另一個關鍵策略是讓人知道：小步往正途前進，抑或別朝歧路踏上任何一步，都能造成可觀的差別。我們在前面的章節看過，最有效的訓練計畫正是用這種方法，不論是預防校園霸凌、大學性侵或警界的問題行為都一樣。我們教育兒童（以及老師）看到罵人或排擠這類輕微犯行就必須介入，正是這個原因，不能等霸凌惡化到嚴重的地步才出手。同理可證，公司行號必須以隱微的手法提示倫理行為，好讓員工不致屈於誘惑、從初始小錯漸次惡化成嚴重違規。

研究顯示，即使是面對影響更廣泛的問題，讓人知道看似微小的舉動如何能轉化成暴力，也有助於化解危險情境，促使人採取干預行動。心理學家史陶布與蘿瑞．帕爾曼（Laurie Pearlman）發現，確實有可能提升人的同理心，並減輕其服從權威的傾向。[5] 他們在盧安達、蒲隆地與剛果推廣創傷療癒與族群和解時，透過工作坊宣傳面對惡行不作為的嚴重後果，也製作了廣播劇，主題是「旁人採取行動會抑制惡行，消極被動則令不當行為惡化」，以及「人性化降低暴力的可能性，輕視則有反效果」。一年後的評估顯示，民眾若曾聽過這類訊息，更願意仗義執言。一旦了解沉默的後果，就更可能採取行動。有些行為看似微不足道，例如使用去人性化的語言描述對方、隔離不同族群，但我們如果能抗拒這些作法，或許有助於避免種族屠殺爆發。

這些研究結果強力佐證了鼓勵人及早干預的重要性，也顯示一個人就算只往正確方向邁出一小步，最終也能成為道德叛客。曾經協助猶太人的德國民眾都是普通人，他們不過是領悟到必須幫助被迫害的人。[6]起初通常是從舉手之勞開始，例如幫猶太鄰居買買食物或用品，因為大多數商店禁止猶太人進入。在這些小善舉之後，他們往往開始投入更費力與冒險的舉措，例如幫人暫時躲藏。

在納粹德國冒生命危險助人是很極端的行為，幸好這也不多見。不過，同樣的歷程可見於各種更平凡的情境，不論是拒絕讓同學抄功課、在辦公室點破種族歧視言論，或是舉報運動隊伍的整人儀式，都是同理可證。想要成為道德叛客，從踏出勇敢的一小步開始，或許就這麼簡單。

培養同理心

克莉絲汀娜・拉帕諾（Kristina Rapuano）是達特茅斯學院心理與神經科學研究生，她在二〇一七年做了一個艱難的決定：向學院高層檢舉指導教授威廉・凱利（William Kelley）。她向校方主管坦承，兩年前，凱利在一場學術研討會後喝多了，接著強暴了她。之所以決心舉報，是因為她聽說凱利一直都在性騷擾其他女學生。就像拉帕諾對《紐約時報》說的：「這種事情發生在好幾代人身上，我想終止這種慣犯的心情，簡直是出於保護心切；我醒悟到這會一直持續下去。」[7]

拉帕諾對其他女性的同理心，讓她有勇氣承擔點破惡行的代價。同理心是道德叛客的共同特質。許多計畫的目標是加強人干預惡行的能力，例如讓學員知道在目睹霸凌或性侵時如何應對，且著重於培養學員對受害者的同理心，這能令人產生行動的動機。如同我們在第九章看到的，花時間與不同種族或文化出身的人相處，可以加強同理能力，也會增加在對方有難時挺身幫忙的可能性。

這個事實既令人沮喪又鼓舞人心。我們生活在一個日漸極化的社會裡，「我們」與「他們」涇渭分明——在美國，這種現象的具體表現是社會分成共和黨州與民主黨州、看美國全國廣播公司頻道（MSNBC）的人與看福斯新聞台的人、沿海地區的菁英與內陸的「正港美國人」。因為我們不會花多少時間彼此相處，這些分野讓人更難對與自己不同的人產生同理。這或許也有助於解釋美國民眾的同理心為何逐漸減弱。

但別忘了，同理心不是與生俱來的特質，而是可以後天培養。有些人或許天生就很容易從別人的角度看世界，但其他人也能著意投入時間精力來加強本身的同理心，從而變得更有道德勇氣。

擴大內團體

比起對方是陌生人，大多數人幫助朋友的意願都高出許多。我們會捍衛被職場霸凌的朋友，出手保護朋友免遭性侵。[8]就連陌生人也有親疏之別，如果自認與某些人不無共通之處，例如都是某個球隊的粉絲，就更有可能幫助對方。

想加強挺身幫忙的意願，有個比較簡單的方法是擴大我們的內團體：關注我們和其他人的共同點，而不是相異之處。你或許還記得第二章提到的一個實驗：曼聯球迷幫助陌生人的意願，會隨對方身穿曼聯或敵隊球衣而有極大落差。[9]同一個研究團隊後來做了跟進實驗，再度招募一群曼聯球迷，讓他們目睹相同事故——有人在他們面前跌倒，看起來很痛，跌倒的苦主有時身穿曼聯球衣，有時穿著利物浦隊球衣或素色上衣。

在這個版本的實驗中，受試者於目睹意外前先寫了一段短文，表述自認與其他足球迷有多少共通點。除此之外，他們也要回答一連串問題，例如身為足球迷有多重要，覺得跟其他球迷有怎樣的連結。這些練習是為了創造更廣泛的共享認同，從特定隊伍的粉絲擴大為全體足球迷。

這次實驗中，八十%的受試者停下來協助身穿曼聯球衣的傷者，協助穿素色上衣傷者的只有二十二%。與先前研究相異之處在於，上次只有少數人幫忙身穿敵隊球衣的傷者，而這一回，有整整七十%的受試者停下來幫助身穿利物浦隊球衣的人。

拓寬對個人身分與他人連結的看法——認為自己是大學生而非僅是兄弟會會員，是美國人或英國人而非特定種族或宗教成員，又或者，我們終究同屬智人——能幫助我們克服人類根深蒂固的不作為傾向。

尋找倫理型領袖

我兒子羅伯特曾經參加袋棍球隊，某年春天早上，他們全隊聚在更衣室裡，聊起各人週末要做什麼。有個男生提到他要跟約會對象去跳舞，另一個男生聽了開玩笑道：「那個男生叫什麼名字？」在其他孩子哄堂大笑的同時，教練很快插嘴道：「他要約會的對象可能是男生，也可能是女生，這都沒關係。」

羅伯特跟我說這件事的時候，我真心慶幸他的教練在更衣室說了那段話。舉凡教練、老師與政治領袖，領導或權威人物若能以身作則，對於道德勇氣的感召特別重要。他們的言行能清楚傳達哪些行為可以接受、哪些又不應該。

我剛開始在阿默斯特任教時，負責帶一堂大約二十五人的課，其中五名學生是美式足球隊員。這幾個學生儘管會來上課，但從不參與課堂討論，對其他學生是很壞的示範。這些球員很引人矚目，不只是他們比班上其他學生明顯高壯得多，也因為隸屬於校園中地位很高的團體。促進課堂討論成了一件苦差事。我在士氣低落了幾週後，決定嘗試新法子。我寫了封電郵向球隊總教練彌爾斯（EJ Mills）解釋這個狀況，請他出馬幫忙。

彌爾斯的回應是一個妙方。他問我班上那些球員是誰，接著發通告信給他們，並且把我列為副本收件人。信件內容很簡短：「下星期，誰沒有在山德森教授的課堂上發言，星期六就不能打球。」你或許想像得到，問題馬上迎刃而解。

領導人物發出的強烈訊息，對於建立各種社會規範極有助益。一項研究以三千名大學美式足球員為對象，檢視他們的教練是否曾教導在球場外要檢點，而這與球員目睹問題行為時會否出面干涉有無關聯。[10]研究人員請受訪球員回答，教練或體育系教職員是否曾對其個人或球隊提過這三個話題：對女性的合宜對待、關係暴力、目睹問題狀況要出面阻止。球員也被問及，如果隊員在球場外行徑不良，教練是否會嚴加訓誡。接下來，球員要回答有多可能「介入或許導致不當性行為的狀況」。

教練的發言大有關係。不論是教練或體育系老師，如果他們曾告誡球員良好行為的重要性，也曾鼓勵球員目睹問題行為要仗義執言，這些球員都更有可能表示會出手防範不當性行為發生。如果教練曾強調在場外不檢點同樣受罰，球員更有可能表示會阻止這類行為。這些球員是否真正實踐自己的意志？這項研究並沒有告訴我們，不過結果仍顯示，教練至少在啟發這種意志上有其作用。

別忘了，領導人物有千百種，有些具備正式職銜，例如教練、執行長、警察局長、大學校長，但除此之外，許多人仍身兼非正式的領導位置。中學與大學的高年級生，往往是學弟妹的行事楷模；資深同事是新進雇員學習組織規範的依歸。組織裡光是有一個倫理型領袖，就能鼓舞其他人從善如流，引發道德勇氣的漣漪效應。

朋友的力量

我在本書提過許多彰顯道德勇氣的義舉，都源起於朋友鼓勵彼此做該做的事，例如發起「粉紅之海」反霸凌新生活運動的兩名高中生，還有史丹佛大學舉報性侵的兩名瑞典籍研究生。企業界也有一個例子：艾瑞卡・張（Erika Cheung）與泰勒・舒茲（Tyler Shultz）受雇於新創公司瑟拉諾思（Theranos），該公司以開發血液檢測技術為號召。即使知道這麼做將面臨嚴重的個人與職業後果，他們兩人仍然揭發了公司的詐欺行徑。培養道德勇氣的關鍵之一，是找到一個跟你一樣義憤填膺、願意相挺的朋友。

史丹佛大學社會學家道格・麥亞當（Doug McAdam）發現，想預測誰會挑戰主流社會規範，最好的指標是那人有沒有同伴。有伴就不必獨挑大樑了。[11] 一九六〇年在北卡羅萊納州的格林斯伯勒市，四名黑人大學生在伍爾沃斯百貨（Woolworth）的午餐餐台發起靜坐，抗議該公司的種族隔離措施。那四名學生是好友兼室友，其中三人還上過同一間中學。當時他們必須面對譏笑、種族歧視的辱罵，甚至暴力威脅，不過友誼幫助他們克服了這些挑戰。

這些例子與研究結果不謀而合：當我們不是孤單一人，要抗拒社會壓力便容易得多。在艾許的線條鑑別實驗裡，想知道受試者會不會順從小組給的錯誤答案，最有效的預測因子是：有沒有另一個組員也反對全組意見。同樣地，在米爾格蘭實驗中，當受試者被命令施予電擊，要是看到另一名扮演受試者的暗樁先拒絕從命，大多數受試者也會罷手。[12] 有些人並非天生的道德叛客，要想獲得發揮道德勇氣的能力，找個志同道合的朋友同行，或許是必要之舉。

改變社會規範

本書在前幾章強調過，大多數人都覺得要違抗社會規範難上加難，不論所謂的社會群體是指朋友、兄弟會會員或同事。有兩個策略能幫助人從沉默旁觀變為主動幫忙，一是改變規範，二是讓人知道他們其實誤判了規範。

當我們剛加入新環境——新的學校、大學或是工作，對於其中的既定規範都是毫無所知。這是很好的契機，我們可以藉此型塑新人的觀念、鼓勵仗義執言。中學或大專院校的學生領袖，可以提倡旁觀者採取主動的價值觀；職場領導人可以明確強調，公司文化很重視介入不良行為，而非遇事不作為。心理學家史陶布的研究成果是紐奧良警局EPIC計畫的基礎，他表示：「你必須改變他們的心態，讓警察了解到如果消極旁觀，也必須為同事所犯的後果負責。改變之道並非瓦解對彼此的義氣，而是改變『義氣』的意義——該做的是阻止過度暴力，而不是用沉默潛規則掩飾。」[13]

改變規範確實能導致行為的轉變。在一項創意十足的實驗中，研究人員以飯店為試驗場地，因為重複使用毛巾能夠節約能源，他們以不同的訊息鼓勵客人重複使用毛巾，觀測效果有無差別。[14]一組客人看到的是鼓勵環保的標準訊息：「請協助保護環境：您可以在住宿期間重複使用毛巾，尊重自然做環保。」另一組客人也看到類似訊息，只是換個說法：「請與其他房客攜手做環保：本飯店邀請房客參與節能新計畫，將近七十五%的房客確實慷慨相助：他們會重複使用毛巾一次以上。您也可以與其他房客一起協助保護環境，在住宿期間重複使用毛巾。」

結果證實，第二種訊息更有效。看到第一種訊息的房客約有三十八％重複使用毛巾。看到第二種訊息的房客，重複使用毛巾的比率增為四十八％。由此可見，知道其他人如何行事，能協助改變個人行為。如果認為所屬群體的大多數成員（在本實驗中是飯店房客）都在做某件事，很多人會覺得自己也該這麼做。

僅是讓人知道所屬社群的真實規範，也能促使人改變行為。耶魯大學的艾倫・嘉柏（Alan Gerber）與同事透過研究證實，讓民眾了解投票的社會規範會顯著提升投票率，比起僅告知投票是公民義務有效多了。[15]研究人員設計了四種版本的通知信，各自分別寄給密西根州的八萬戶人家。第一封信提醒收件人投票是公民義務，第二封信告知有學者正透過公共紀錄研究他們的投票行為，第三封列出每戶人家參與投票的紀錄，第四封則是列出各戶投票紀錄和社區投票紀錄。結果顯示，第四封信是目前為止最有效的：比起沒有收到任何通知信的人，收到第四封信的選民投票率增加了八・一％，相形之下，效果最差的通知信只增加了一・八％的投票率——說投票是公民義務的那一封。略施社交壓力能有效促進公民參與，在這個研究中，所謂的社交壓力不過是讓民眾知道社區的實際投票率罷了。

假若人誤判了社會規範，告知何謂真實規範尤其重要。如同我們在第三章看到的，我們往往誤判了他人的想法與感受，依公開的表現做為判斷的依據，卻可能與私下的想法不符。這會導致一種狀況——每個人私底下都為眼前之事感到困擾，卻沒人說出來，因為他們（誤）以為別人不在乎。糾正這些誤判、了解造成與持續這些誤判的心理力量，對於改變行為大有助益。糾正對社會規範的誤判能幫助人挺身反抗霸凌、減量飲酒、出手阻止性侵、點破職場的冒犯言論。

翻轉文化

假使有夠多的人選擇成為道德叛客，達到一定程度，就能把沉默無為的文化翻轉為重視勇氣與行動的文化。賓州大學戴門．錢托拉（Damon Centola）近來的研究顯示，大規模的社會變革無須多數人支持才能發生。[16]事實上，群體中只要有大約二十五%的人表達立場就足以達到轉折點，接下來就能相對快速地建立新規範。大聲疾呼的少數人可以翻轉社會的預設立場，例如寶特瓶可以從一次性垃圾變成回收物，宅在家的人也會改為出門投票。

社會規範的快速翻轉有一個鮮明案例，就是對同性婚姻的接納。我女兒卡洛琳在二〇〇四年出生，麻薩諸塞在同年成為美國第一個同婚合法化的州。二〇一五年，美國最高法院判決同性伴侶有結婚的基本權利。我還記得我對卡洛琳提到這個轉變有多不可思議：以前同婚在每一州都不為法律允許，不過短短十一年後，現在全國都合法化了。她的反應是：「為什麼要過這麼久啊？」然而，當我在她這個年紀，就算最天馬行空的想像，都想不到同性伴侶可以結婚、男同志能成為美國總統候選人。或許有一天，我們的文化會期待大家聽到冒犯言論、見證不端性行為、目睹職場詐欺，都會採取行動，這種改變或許不用那麼久就能達成。在《改變如何發生》（How Change Happens）一書中，法學家凱斯・桑思坦（Cass Sunstein）就探討了這一點：促使人沉默無為的社會規範可以一夕瓦解，有時也確實發生過，從而達成亟需的社會變革。17

有時候，一個人表示意見便足矣，只要那人能帶給其他人發聲的勇氣。

選簡單的路走是很誘人——佯裝不知、假設別人會出手。只不過，我們得承受做此選擇的後果，心知事情原本可因我們而有所不同，我們卻沒那麼做。如同約翰・史坦貝克（John Steinbeck）在《伊甸園東》（East of Eden）中寫的：「人類被困在一張善惡網裡——不論是他們的生活、思想、渴望與野心、貪婪與殘酷，又或者善良與慷慨，這張網都存在。……一個人在拍去人生的灰塵與碎片之後，剩下的只有這再清楚不過的問題：這是善，還是惡？我做的究竟是對——還是錯呢？」[18]

我希望，你能在自己的生活裡運用從這本書學到的策略，以便有一天你得自問這個問題時，會以自己的答案為榮。

謝詞

首先我想感謝我的經紀人Zoë Pagnamenta，她在我提出本書構想之初熱情支持，並且投入相當心力指導我的提案。我花了一下午的時間發信詢問多位經紀人，幾小時後就得到她回應表示興趣，那時當下時間剛過午夜。隔天早上我對我先生說，不論是誰，會在深夜讀信和回信的，正是我想要的那種經紀人，我當初這種的直覺也正中紅心。我很感激Zoë全體團隊的各種支持，包括Alison Lewis在內，還有Sara Vitale與Jess Hoare協助翻譯版權與付款問題，以及Kirsten Wolf的協助。

我也萬分感謝我的編輯Joy de Menil投注的心力，在許多方面塑造了這本書的走向。我們第一次討論時，我跟Joy說我「完全不知道我在做什麼」，意思是我不知道怎麼為一般民眾寫書。我很感激她沒有相信我的話，也很感激謝她付出時間為我的多份草稿提供周全回饋，鼓勵我分享個人的解讀與想法，並且幫助我擺脫學界術語。我也非常感謝哈佛大學出版社其他同仁的付出，包括設計封面的Joy Deng、Sonya Bonczek、Graciela Galup，以及煞費苦心校對手稿的Louise Robbins。我也很高興能與哈潑柯林斯出版社英國分公司的許多人合作，包括行銷Olivia Marsden、封面設計Jack Smyth，公關Helen Upton，以及提供整體庶務協助與熱情支持的Jo Thopmson。特別感謝Arabella Pike在本書寫作計畫各階段的熱切支持，以及她對英國市場的周詳考慮。

許多人對本書的問世都有貢獻。多虧有Austin Sarat（以及阿默斯特學院院長辦公室贊助）舉辦書籍提案工作坊，催生了這本書的雛形。此外也要感謝Cecelia Cancellaro，她是第一個對我說這可以寫成一本書的人，我最初的想法也是在她大力協助下成形。我要感謝我在阿默斯特學院的同事Matt Schulkind與Sarah Turgeon，以及麻薩諸塞大學阿默斯特分校的Rose Cowell，他們為我解答了神經科學技術與神經解剖學的問題。特別感謝賓州大學的Steve Tompson，他為本書一份初期草稿給予詳細回饋意見。我尤其要感謝麻薩諸塞大學阿默斯特分校的Ervin Staub，給了我非常周密且有見地的指教，運用他的個人經歷與專業特長，提升我們對旁觀者效應的理解。我也想感謝許多朋友、同事與學生，不論是在晚餐聚會、午餐時間、辦公時間，他們都曾聽我滔滔不絕地談這些想法，並屢屢跟我分享許多有益的研究建議與真實案例。

最後，我想感謝我的先生Bart Hollander，謝謝他在我寫作本書的（許多）起起伏伏之中，從頭到尾都對這個寫作計畫信心堅定，也知道什麼時候不該問「寫得怎麼樣了？」，並且接受我們的「假期」往往包括跟我一起坐在咖啡店裡、看我振筆疾書。

註解

第1章　好人為何默不吭聲

1 引用自S. L. Plous and P. G. Zimbardo, “How social science can reduce terrorism,” Chronicle of Higher Education, September 10, 2004。

2 S. Klebold, A Mother's Reckoning: Living in the Aftermath of Tragedy (New York: Crown, 2016) 繁中版：《我的孩子是兇手：一個母親的自白》（商周出版，二〇一八年）。

3 P. G. Zimbardo, “The human choice: Individuation, reason, and order vs. deindividuation, impulse, and chaos,” in Nebraska Symposium on Motivation, ed. W. J. Arnold and D. Levine, 237-307 (Lincoln: University of Nebraska Press, 1969).

4 A. Silke, “Deindividuation, anonymity, and violence: Findings from Northern Ireland,” Journal of Social Psychology 143 (2003): 493-499.

5 E. Diener, R. Lusk, D. DeFour, and R. Flax, “Deindividuation: Effects of group size, density, number of observers, and group member similarity on self-consciousness and disinhibited behavior,” Journal of Personality and Social Psychology 39 (1980): 449-459.

6 A. J. Ritchey and R. B. Ruback, “Predicting lynching atrocity: The situational norms of lynchings in Georgia,” Personality and Social Psychology Bulletin 44, no. 5 (2018): 619-637.

7 有些神經科學家在測試自己的假設時，因為犯了某種統計錯誤遭到批評，那就是非條件獨立錯誤（nonindependence error）。這種錯誤之所以會發生，是因為學者首先採用一種統計測驗法來篩選要分析的數據資料，接著又用另一種（非條件獨立）的統計測驗法來分析這些數據。對這類統計作法的疑慮已有些詳細探討，例如American Psychological Association, “P-values under question,” Psychological Science Agenda, March 2016, https://www.apa.org/science/about/psa/2016/03/p-values; A. Abbot, “Brain imaging studies under fire,” Nature News, January 13, 2009, https://www.nature.com/news/2009/090113/full/457245a.html.

8 Massachusetts Institute of Technology, "When good people do bad things," ScienceDaily, June 12, 2014, https://www.sciencedaily.com/releases/2014/06/140612104950.htm.

9 M. Cikara, A. C. Jenkins, N. Dufour, and R. Saxe, "Reduced self-referential neural response during intergroup competition predicts competitor harm," NeuroImage 96 (2014): 36-43.

10 A. C. Jenkins and J. P. Mitchell, "Medial prefrontal cortex subserves diverse forms of self-reflection," Social Neuroscience 6, no. 3 (2011): 211-218; W. M. Kelley, C. N. Macrae, C. L. Wyland, S. Caglar, S. Inati, and T. F. Heatherton, "Finding the self? An event-related fMRI study," Journal of Cognitive Neuroscience 14 (2002): 785-794; C. N. Macrae, J. M. Moran, T. F. Heatherton, J. F. Banfield, and W. M. Kelley, "Medial prefrontal activity predicts memory for self," Cerebral Cortex 14, no. 6 (2004): 647-654.

11 叵蜓皿A. Trafton, "Group mentality," MIT Technology Review website, posted August 5, 2014, https://www.technologyreview.com/s/529791/group-mentality/.

12 S. Milgram, "Behavioral study of obedience," Journal of Abnormal and Social Psychology 67, no. 4 (1963): 371-378.

13 J. M. Burger, "Replicating Milgram: Would people still obey today?" American Psychologist 64 (2009): 1-11; D. Doli ski, T. Grzyb, M. Folwarczny, P. Grzyba a, K. Krzyszycha, K. Martynowska, and J. Trojanowski, "Would you deliver an electric shock in 2015? Obedience in the experimental paradigm developed by Stanley Milgram in the 50 years following the original studies," Social Psychological and Personality Science 8, no. 8 (2017): 927-933.

14 W. H. Meeus and Q. A. Raaijmakers, "Administrative obedience: Carrying out orders to use psychological-administrative violence," European Journal of Social Psychology 16 (1986): 311-324.

15 T. Blass, "Attribution of responsibility and trust in the Milgram obedience experiment," Journal of Applied Social Psychology 26 (1996): 1529-1535.

16 A. Bandura, "Moral disengagement in the perpetration of inhumanities," Personality and Social Psychology Review 3, no. 3 (1999): 193-209.

17 H. A. Tilker, "Socially responsible behavior as a function of observer responsibility and victim feedback," Journal of Personality and Social Psychology 14, no. 2 (1970): 95-100.

18 J. M. Burger, Z. M. Girgis, and C. C. Manning, "In their own words: Explaining obedience to authority through an examination of participants' comments," Social Psychological and Personality Science 2 (2011): 460-466. 達到電擊最大強度前就停手的受試者當中，有三分之二的人在實驗時說的話顯示他們自覺該對傷害「學生」負個人責任。不過，持續施予電擊到最大強度的受試者，只有十二%的人有此表示。

19 E. A. Caspar, J. F. Christensen, A. Cleeremans, and P. Haggard, "Coercion changes the sense of agency in the human brain," Current Biology 26, no. 5 (2016): 585-592.

20 E. Filevich, S. Kühn, and P. Haggard, "There is no free won't: antecedent brain activity predicts decisions to inhibit," PloS One 8, no. 2 (2013): e53053.

21 S. D. Reicher, S. A. Haslam, and J. R. Smith, "Working toward the experimenter: reconceptualizing obedience within the Milgram paradigm as identification-based followership," Perspectives on Psychological Science 7, no. 4 (2012): 315-324.

22 L. Ross and R. E. Nisbett, The Person and the Situation: Perspectives of Social Psychology (London: Pinter and Martin, 2011).

23 Milgram, "Behavioral study of obedience."

24 M. M. Hollander, "The repertoire of resistance: Non-compliance with directives in Milgram's 'obedience' experiments," British Journal of Social Psychology 54 (2015): 425-444.

25 F. Gino, L. D. Ordóñez, and D. Welsh, "How unethical behavior becomes habit," Harvard Business Review blogpost, September 4, 2014, https://hbr.org/2014/09/how-unethical-behavior-becomes-habit.

26 D. T. Welsh, L. D. Ordóñez, D. G. Snyder, and M. S. Christian, "The slippery slope: How small ethical transgressions pave the way for larger future transgressions," Journal of Applied Psychology 100, no. 1 (2015): 114-127.

27 I. Suh, J. T. Sweeney, K. Linke, and J. M. Wall, "Boiling the frog slowly: The immersion of C-suite financial executives into fraud," Journal of Business Ethics (July 2018): 1-29.

28 B. T. Denny, J. Fan, X. Liu, S. Guerreri, S. J. Mayson, L. Rimsky, et al., "Insula-amygdala functional connectivity is correlated with habituation to repeated negative images," Social Cognitive and Affective Neuroscience 9 no. 11 (2014): 1660-1667.

29 N. Garrett, S. C. Lazzaro, D. Ariely, and T. Sharot, "The brain adapts to dishonesty," Nature Neuroscience 19 (2016): 1727-1732.

30 B. Gholipour, "How telling small lies can make you stop caring about big ones," HuffPost, October 24, 2016, https://www.huffpost.com/entry/brain-dishonesty_n_580e4b26e4b0a03911edfff9.

31 S. J. Gilbert, "Another look at the Milgram obedience studies: The role of the gradated series of shocks," Personality and Social Psychology Bulletin 7, no. 4 (1981): 690-695.

32 A. Modigliani and F. Rochat, "The role of interaction sequences and the timing of resistance in shaping obedience and defance to authority," Journal of Social Issues 51, no. 3 (1995): 107-123.

33 D. J. Packer, "Identifying systematic disobedience in Milgram's obedience experiments: A meta-analytic review," Perspectives on Psychological Science 3, no. 4 (2008): 301-304.

34 S. A. Ifill, On the Courthouse Lawn: Confronting the Legacy of Lynching in the Twenty-First Century (Boston: Beacon Press, 2007).

35 M. L. King, "Address at the Fourth Annual Institute on Nonviolence and Social Change at Bethel Baptist Church," Montgomery, AL, December 3, 1959, https://kinginstitute.stanford.edu/king-papers/documents/address-fourth-annual-institute-nonviolence-and-social-change-bethel-baptist-0.

第2章 誰該負責任？

1 M. Gansberg, "37 who saw murder didn' t call the police: Apathy at stabbing of Queens woman shocks inspector," New York Times, March 27, 1964. 這篇原始報導聲稱本案有三十八名目擊者，其中只有一人在凱蒂死後才報警。

2 S. M. Kassin, "The killing of Kitty Genovese: What else does this case tell us?" Perspectives on Psychological Science 12, no. 3 (2017): 374-381.

3 J. M. Darley and B. Latané, "Bystander intervention in emergencies: Diffusion of responsibility," Journal of Personality and Social Psychology 8 (1968): 377-383.

4 T. Theisen, "Florida teens heard on video mocking, laughing at man as he drowns in pond, authorities say," Orlando Sentinel, July 20, 2017, https://www.orlandosentinel.com/news/os-cocoa-drowning-20170720-story.html.

5 E. Levensen, "Fraternity pledge died 'alone in a room full of people' at party," CNN, December 21, 2017, https://www.cnn.com/2017/12/20/us/fsu-fraternity-pledge-death-grand-jury/index.html.

6 D. Boyle, "Muslim women's hijab grabbed by man who tried to pull off headscarf in London's Oxford Street," Telegraph, October 18, 2016, https://www.telegraph.co.uk/news/2016/10/18/muslim-womans-hijab-grabbed-by-man-who-tried-to-pull-off-headsca/.

7 "Chinese toddler left for dead in hit-and-run crash dies," BBC, October 21, 2011, https://www.bbc.com/news/world-asia-pacifc-15398332.

8 G. Pandey, "India rape: Bystanders ignored Vishakhapatnam attack," BBC, October 24, 2017, https://www.bbc.com/news/world-asia-india-41736039.

9 M. Plötner, H. Over, M. Carpenter, and M. Tomasello, "Young children show the bystander effect in helping situations," Psychological Science 26, no. 4 (2015): 499-506.

10 Association for Psychological Science, "Children less likely to come to the rescue when others are available," ScienceDaily, March 24, 2015, https://www.sciencedaily.com/releases/2015/03/150324132259.htm.

11 S. J. Karau and K. D. Williams, "Social loafing: A meta-analytic review and theoretical integration," Journal of Personality and Social Psychology 65 (1993): 681-706.

12 S. Freeman, M. R. Walker, R. Borden, and B. Latané, "Diffusion of responsibility and restaurant tipping: Cheaper by the bunch," Personality and Social Psychology Bulletin 1, no. 4 (1975): 584-587.

13 K. D. Williams, S. A. Nida, L. D. Baca, and B. Latané, "Social loafing and swimming: Effects of identifiability on individual and relay performance of intercollegiate swimmers," Basic and Applied Social Psychology 10 (1989): 73-81.

14 B. Latané, K. Williams, and S. Harkins, "Many hands make light the work: The causes and consequences of social loafing," Journal of Personality and Social Psychology 37, no. 6 (1979): 822-832.

15 S. M. Garcia, K. Weaver, G. B. Moskowitz, and J. M. Darley, "Crowded minds: The implicit bystander effect," Journal of Personality and Social Psychology 83 (2002): 843-853.

16 D. H. Cymek, "Redundant automation monitoring: Four eyes don' t see more than two, if everyone turns a blind eye," Human Factors 7 (2018): 902-921.

17 F. Beyer, N. Sidarus, S. Bonicalzi, and P. Haggard, "Beyond self-serving bias: Diffusion of responsibility reduces sense of agency and outcome monitoring," Social Cognitive and Affective Neuroscience 12 (2017): 138-145.

18 When people played a dice-throwing game with two partners, the FRN amplitude was smaller if the participant got to toss three dice than if they tossed one die and the partners tossed the other two. P. Li, S. Jia, T. Feng, Q. Liu, T. Suo, and H. Li, "The influence of the diffusion of responsibility effect on outcome evaluations: Electrophysiological evidence from an ERP study," NeuroImage 52, no. 4 (2010):1727-1733.

19 M. van Bommel, J.-W. van Prooijen, H. Elffers, and P. A. M. Van Lange, "Be aware to care: Public self-awareness leads to a reversal of the bystander effect," Journal of Experimental Social Psychology 48, no. 4 (2012): 926-930.

20 M. Levine and S. Crowther, "The responsive bystander: How social group membership and group size can encourage as well as

inhibit bystander intervention," Journal of Personality and Social Psychology 95 (2008): 1429-1439.

21 N. L. Kerr and S. E. Bruun, "Dispensability of member effort and group motivation losses: Free-rider effects," Journal of Personality and Social Psychology 44, no. 1 (1983): 78-94.

22 A. S. Ross, "Effect of increased responsibility on bystander intervention: The presence of children," Journal of Personality and Social Psychology 19, no. 3 (1971): 306-310.

23 R. E. Cramer, M. R. McMaster, P. A. Bartell, and M. Dragna, "Subject competence and minimization of the bystander effect," Journal of Applied Social Psychology 18 (1988): 1133-1148.

24 R. F. Baumeister, S. P. Chesner, P. S. Senders, and D. M. Tice, "Who's in charge here? Group leaders do lend help in emergencies," Personality and Social Psychology Bulletin 14 (1988): 17-22.

25 J. C. Turner, M. A. Hogg, P. J. Oakes, S. D. Reicher, and M. S. Wetherell, Rediscovering the Social Group: A Self-Categorization Theory (Oxford: Basil Blackwell, 1987).

26 M. Levine, A. Prosser, D. Evans, and S. Reicher, "Identity and emergency intervention: How social group membership and inclusiveness of groupNotes to Pages 41-47 217 boundaries shape helping behavior," Personality and Social Psychology Bulletin 31 (2005): 443-453.

27 M. Levine and R. Manning, "Social identity, group processes, and helping in emergencies," European Review of Social Psychology 24 (2013): 225-251.

28 M. Slater, A. Rovira, R. Southern, D. Swapp, J. J. Zhang, C. Campbell, and M. Levine, "Bystander responses to a violent incident in an immersive virtual environment," PLOS One 8, no. 1 (2013): e52766.

29 A. Dobrin, "The real story of the murder where 'no one cared,' " PsychologyToday blog, posted March 8, 2014, https://www.psychologytoday.com/us/blog/am-i-right/201403/the-real-story-the-murder-where-no -one-cared; H. Takooshian, D. Bedrosian, J. J. Cecero, L. Chancer, A. Karmen, J. Rasenberger, et al., "Remembering Catherine 'Kitty' Genovese 40 years later: A public forum," Journal of Social Distress and the Homeless 5 (2013): 63-77.

第3章　模稜兩可之惡

1 R. L. Shotland and M. K. Straw, "Bystander response to an assault: When a man attacks a woman," Journal of Personality and Social Psychology 34 (1976): 990-999.

2 E. Staub, "A child in distress: The influence of age and number of witnesses on children's attempts to help," Journal of Personality and Social Psychology 14, no. 2 (1970): 130-140. 這些實驗結果或許與第1章的討論相異，也就是兒童在群體中比較不會幫助實驗人員，而這是因為實驗設定情境有所不同——在史陶布的研究中，受試兒童彼此認識，突發狀況也比較嚴重。

3 R. D. Clark and L. E. Word, "Where is the apathetic bystander? Situational characteristics of the emergency," Journal of Personality and Social Psychology 29 (1974): 279-287.

4 R. D. Clark and L. E. Word, "Why don' t bystanders help? Because of ambiguity?" Journal of Personality and Social Psychology 24 (1972): 392-400.

5 J. Drury, C. Cocking, and S. Reicher, "The nature of collective 'resilience': Survivor reactions to the 2005 London bombings," International Journal of Mass Emergencies and Disasters 27, no. 1 (2009): 66-95.

6 C. Cocking, J. Drury, and S. Reicher, "Bystander intervention during the 7 / 7 London bombings: An account of survivor's [sic] experiences," PowerPoint presentation, n.d., www.sussex.ac.uk/affliates/panic/BPS%20london%20bystanders%202007.ppt.

7 P. Fischer, T. Greitemeyer, F. Pollozek, and D. Frey, "The unresponsive bystander: Are bystanders more responsive in dangerous emergencies?" European Journal of Social Psychology 36, no. 2 (2006): 267-278.

8 R. Philpot, L. S. Liebst, M. Levine, W. Bernasco, and M. R. Lindegaard, "Would I be helped? Cross-national CCTV footage shows that intervention is the norm in public conflicts," American Psychologist (2019), advance online publication, doi: 10.1037/amp0000469.

9 P. Fischer, J. I. Krueger, T. Greitemeyer, C. Vogrincic, A. Kastenmüller, D. Frey, et al., "The bystander-effect: A meta-analytic review on bystander intervention in dangerous and non-dangerous emergencies," Psychological Bulletin 137, no. 4 (2011): 517-537.

10 L. Ashburn-Nardo, K. A. Morris, and S. A. Goodwin, "The Confronting Prejudiced Responses (CPR) model: Applying CPR in the workplace," Academy of Management Learning and Education 7 (2008): 332-342.

11 B. Latané and J. M. Darley, "Group inhibition of bystander intervention in emergencies," Journal of Personality and Social Psychology 10 (1968): 308-324.

12 J. A. Harrison and R. B. Wells, "Bystander effects on male helping behavior: Social comparison and diffusion of responsibility," Representative Research in Social Psychology 19, no. 1 (1991): 53-63.

13 E. Staub, "Helping a distressed person: Social, personality, and stimulus determinants," in Advances in Experimental Social Psychology, vol. 7, ed. L. Berkowitz, 293-341 (New York: Academic Press, 1974).

14 C. Kilmartin, T. Smith, A. Green, H. Heinzen, M. Kuchler, and D. Kolar, "A real time social norms intervention to reduce male sexism," Sex Roles 59, no. 3-4 (2008): 264-273.

15 J. R. B. Halbesleben, "The role of pluralistic ignorance in the reporting of sexual harassment," Basic and Applied Social Psychology 31, no. 3 (2009): 210-217.

16 D. T. Miller and C. McFarland, "Pluralistic ignorance: When similarity is interpreted as dissimilarity," Journal of Personality and Social Psychology 53, no. 2 (1987): 298-305.

17 J. D. Vorauer and R. K. Ratner, "Who's going to make the first move? Pluralistic ignorance as an impediment to relationship formation," Journal of Social and Personal Relationships 13 (1996): 483-506.

18 J. N. Shelton and J. A. Richeson, "Intergroup contact and pluralistic ignorance," Journal of Personality and Social Psychology 88, no. 1 (2005): 91-107.

19 M. van Bommel, J.-W. van Prooijen, H. Elffers, and P. A. M. Van Lange, "Booze, bars, and bystander behavior: People who consumed alcohol help faster in the presence of others," Frontiers in Psychology 7 (2016), article 128.

20 S. D. Preston and F. B. de Waal, “Empathy: Its ultimate and proximate bases,” Behavioral and Brain Sciences 25 (2002): 1-20.

21 N. H. Frijda, The Emotions (Cambridge: Cambridge University Press, 2006); P. J. Lang, “The motivational organization of emotion: Affect reflex connections,” in The Emotions: Essays on Emotion Theory, ed. S. van Goozen, N. E. van de Poll, and J. A. Sergeant, 61-96 (Hillsdale, NJ: Erlbaum, 1993).

22 R. Hortensius and B. de Gelder, “The neural basis of the bystander effect: The influence of group size on neural activity when witnessing an emergency,” Neuroimage 93, pt. 1 (2014): 53-58.

23 J. Lipman-Blumen, The Allure of Toxic Leaders: Why We Follow Destructive Bosses and Corrupt Politicians—And How We Can Survive Them (New York: Oxford University Press, 2006).

24 Latané and J. Rodin, “A lady in distress: Inhibiting effects of friends and strangers on bystander intervention,” Journal of Experimental Social Psychology 5, no. 2 (1969): 189-202.

25 “Couples recognized suspect from TV reports,” CNN, March 13, 2003, http://www.cnn.com/2003/US/West/03/13/smart.witnesses/index.html.

26 雖然從沒有人知道這位機長的姓名，這段廣播似乎確有其事。請見 L. Zuckerman, “Name of pilot who roused passengers still a mystery,” New York Times, October 1, 2001; D. Mikkelson, “Pilot's Advice,” Snopes, https://www.snopes.com/fact-check/blanket-advice/.

第 4 章 伸出援手的高昂代價

1 J. M. Darley and C. D. Batson, “ ‘From Jerusalem to Jericho’ : A study of situational and dispositional variables in helping behavior,” Journal of Personality and Social Psychology 27 (1973): 100-108.

2 J. F. Dovidio, J. A. Piliavin, S. L. Gaertner, D. A. Schroeder, and R. D. Clark, “The arousal: cost-reward model and the process of

intervention:220 A review of the evidence," Review of Personality and Social Psychology 12 (1991): 83-118.

3 J. A. Piliavin and I. M. Piliavin, "Effect of blood on reactions to a victim," Journal of Personality and Social Psychology 23 (1972): 353-361.

4 C. Sasson, D. J. Magid, P. Chan, E. D. Root, B. F. McNally, A. L. Kellermann, and J. S. Haukoos, "Association of neighborhood characteristics with bystander-initiated CPR," New England Journal of Medicine 367, no. 17 (2012): 1607-1615.

5 C. Sasson, C. C. Keirns, D. Smith, M. Sayre, M. Macy, W. Meurer, et al., "Small area variations in out-of-hospital cardiac arrest: Does the neighborhood matter?" Annals of Internal Medicine 153, no. 1 (2010): 19-22.

6 E. Y. Cornwell and A. Currit, "Racial and social disparities in bystander support during medical emergencies on US streets," American Journal of Public Health 106, no. 6 (2016): 1049-1051.

7 C. E. Ross, J. Mirowsky, and S. Pribesh, "Powerlessness and the amplification of threat: Neighborhood disadvantage, disorder, and mistrust," American Sociological Review 66, no. 4 (2001): 568-591.

8 N. M. Steblay, "Helping behavior in rural and urban environments: A meta-analysis," Psychological Bulletin 102, no. 3 (1987): 346-356.

9 J. K. Swim and L. L. Hyers, "Excuse me—what did you just say?!: Women's public and private responses to sexist remarks," Journal of Experimental Social Psychology 35 (1999): 68-88.

10 E. H. Dodd, T. A. Giuliano, J. M. Boutell, and B. E. Moran, "Respected or rejected: Perceptions of women who confront sexist remarks," Sex Roles 45, no. 7-8 (2001): 567-577.

11 K. Kawakami, E. Dunn, F. Karmali, and J. F. Dovidio, "Mispredicting affective and behavioral responses to racism," Science 323, no. 5911 (2009): 276-278.

12 J. Steenhuysen, "Whites may be more racist than they think: study," Reuters, January 8, 2009, https://www.reuters.com/article/us-racism/whitesmay-be-more-racist-than-they-think-study-idUSTRE5076YX20090108.

13 N. I. Eisenberger, “The neural bases of social pain: Evidence for shared representations with physical pain,” Psychosomatic Medicine 74, no. 2 (2012): 126-135.

14 N. I. Eisenberger, M. D. Lieberman, and K. D. Williams, “Does rejection hurt? An fMRI study of social exclusion,” Science 302, no. 5643 (2003): 290-292.

15 C. N. DeWall, G. MacDonald, G. D. Webster, C. L. Masten, R. F. Baumeister, C. Powell, et al., “Acetaminophen reduces social pain: Behavioral and neural evidence,” Psychological Science 21, no. 7 (2010): 931-937.

16 D. Mischkowski, J. Crocker, and B. M. Way, “From painkiller to empathy killer: Acetaminophen (paracetamol) reduces empathy for pain,” Social Cognitive and Affective Neuroscience 11, no. 9 (2016): 1345-1353.

17 “When you take acetaminophen, you don’ t feel others’ pain as much,” Ohio State News, May 9, 2016, https://news.osu.edu/when-you-take-acetaminophen-you-dont-feel-others-pain-as-much/.

18 T. L. Huston, M. Ruggiero, R. Conner, and G. Geis, “Bystander intervention into crime: A study based on naturally-occurring episodes,” Social Psychology Quarterly 44, no. 1 (1981): 14-23.

19 A. Fantz, “Cub Scout leader, ex-teacher confronted London terrorist,” CNN, May 24, 2013, https://www.cnn.com/2013/05/23/world/europe/uk-woman-terrorists/index.html.

20 E. D. Murphy, “Bystander performs CPR at gym, saves man's life,” © Portland Press Herald [Maine], posted on EMS1.com, April 6, 2017, https://www.ems1.com/ems-products/cpr-resuscitation/articles/227897048-Bystander-performs-CPR-at-gym-saves-mans-life/.

第5章　社群內的從眾力量

1 S. E. Asch, “Effects of group pressure upon the modification and distortion of judgment,” in Groups, Leadership and Men, ed. H. Guetzkow, 177-190 (Pittsburgh: Carnegie Press, 1951).

2 M. J. Salganik, P. S. Dodds, and D. J. Watts, "Experimental study of inequality and unpredictability in an artificial cultural market," Science 311, no. 5762 (2006): 854-856.

3 E. Robinson and S. Higgs, "Liking food less: The impact of social influence on food liking evaluations in female students," PloS One 7, no. 11 (2012): e48858.

4 R. B. Cialdini, R. R. Reno, and C. A. Kallgren, "A focus theory of normative conduct: Recycling the concept of norms to reduce littering in public places," Journal of Personality and Social Psychology 58, no. 6 (1990): 1015-1026; A. W. Kruglanski and D. M. Webster, "Group members' reactions to opinion deviates and conformists at varying degrees of proximity to decision deadline and of environmental noise," Journal of Personality and Social Psychology 61, no. 2 (1991): 212-225; S. Schachter, "Deviation, rejection, and communication," Journal of Abnormal and Social Psychology 46, no. 2 (1951): 190-207.

5 L. M. Janes and J. M. Olson, "Jeer pressures: The behavioral effects of observing ridicule of others," Personality and Social Psychology Bulletin 26, no. 4 (2000): 474-485.

6 D. K. Campbell-Meiklejohn, D. R. Bach, A. Roepstorff, R. J. Dolan, and C. D. Frith, "How the opinion of others affects our valuation of objects," Current Biology 20, no. 13 (2010): 1165-1170.

7 A. Shestakova, J. Rieskamp, S. Tugin, A. Ossadtchi, J. Krutitskaya, and V. Klucharev, "Electrophysiological precursors of social conformity," Social Cognitive and Affective Neuroscience 8, no. 7 (2013): 756-763.

8 V. Klucharev, K. Hytönen, M. Rijpkema, A. Smidts, and G. Fernández, "Reinforcement learning signal predicts social conformity," Neuron 61, no. 1 (2009): 140-151.

9 Cell Press, "Brain mechanisms of social conformity," ScienceDaily website, January 16, 2009, https://www.sciencedaily.com/releases/2009/01/090114124109.htm.

10 P. Shaw, N. Kabani, J. P. Lerch, K. Eckstrand, R. Lenroot, N. Gotay,et al., "Neurodevelopmental trajectories of the human cerebral cortex," Journal of Neuroscience 28 (2008): 3586-3594.

11 A. E. Guyer, V. R. Choate, D. S. Pine, and E. E. Nelson, "Neural circuitry underlying affective responses to peer feedback in adolescence," Social Cognitive and Affective Neuroscience 7 (2012): 82-91; C. Sebastian, E. Viding, K. D. Williams, and S. J. Blakemore, "Social brain development and the affective consequences of ostracism in adolescence," Brain and Cognition 72 (2010): 134-135; L. H. Somerville, "The teenage brain: Sensitivity to social evaluation," Current Directions in Psychological Science 22, no. 2 (2013): 121-127.

12 L. J. Knoll, L. Magis-Weinberg, M. Speekenbrink, and S. J. Blakemore, "Social influence on risk perception during adolescence," Psychological Science 26 (2015): 583-592.

13 M. Gardner and L. Steinberg, "Peer influence on risk taking, risk preference, and risky decision making in adolescence and adulthood: An experimental study," Developmental Psychology 41, no. 4 (2005):625-635.

14 A. E. Curry, J. H. Mirman, M. J. Kallan, F. K. Winston, and D. R. Durbin, "Peer passengers: How do they affect teen crashes?" Journal of Adolescent Health 50 (2012): 588-594.

15 B. Simons-Morton, N. Lerner, and J. Singer, "The observed effects of teenage passengers on the risky driving behavior of teenage drivers," Accident Analysis and Prevention 37 (2005): 973-982.

16 E. E. Nelson, E. Leibenluft, E. B. McClure, and D. S. Pine, "The social re-orientation of adolescence: A neuroscience perspective on the process and its relation to psychopathology," Psychological Medicine 35 (2005): 163-174.

17 L. E. Sherman, A. A. Payton, L. M. Hernandez, P. M. Greenfeld, and M. Dapretto, "The power of the like in adolescence: Effects of peer influence on neural and behavioral responses to social media," Psychological Science 27, no. 7 (2016): 1027-1035.

18 E. B. McClure, "A meta-analytic review of sex differences in facial expression processing and their development in infants, children, and adolescents," Psychological Bulletin 126, no. 3 (2000): 424-453; A. J. Rose and K. D. Rudolph, "A review of sex differences in peer relationship processes: Potential trade-offs for the emotional and behavioral development of girls and boys," Psychological Bulletin 132, no. 1 (2006): 98-131.

19 S. Nolen-Hoeksema and S. J. Girgus, "The emergence of gender differences in depression during adolescence," Psychological

Bulletin 115, no. 3 (1994): 424-443.

20 A. E. Guyer, E. B. McClure-Tone, N. D. Shiffrin, D. S. Pine, and E. E. Nelson, "Probing the neural correlates of anticipated peer evaluation in adolescence," Child Development 80, no. 4 (2009): 1000-1015.

21 D. A. Prentice and D. T. Miller, "Pluralistic ignorance and alcohol use on campus: Some consequences of misperceiving the social norm," Journal of Personality and Social Psychology 64, no. 2 (1993): 243-256.

22 C. A. Sanderson, J. M. Darley, and C. S. Messinger, " 'I' m not as thin as you think I am' : The development and consequences of feeling discrepant from the thinness norm," Personality and Social Psychology Bulletin 28, no. 2 (2002): 172-183.

23 C. A. Sanderson, J. M. Wallier, J. E. Stockdale, and D. J. A. Yopyk, "Who feels discrepant and how does feeling discrepant matter? Examining the presence and consequences of feeling discrepant from personal and224 Notes to Pages 87-95 social norms related to thinness in America and British high school girls," Journal of Social and Clinical Psychology 27 (2008): 995-1020.

24 Sanderson, Darley, and Messinger, "I' m not as thin as you think I am."

25 Prentice and Miller, "Pluralistic ignorance and alcohol use."

26 G. Bohner, F. Siebler, and J. Schmelcher, "Social norms and the likelihood of raping: Perceived rape myth acceptance of others affects men's rape proclivity," Personality and Social Psychology Bulletin 32, no. 3 (2006): 286-297.

27 H. W. Perkins and D. W. Craig, "A successful social norms campaign to reduce alcohol misuse among college student-athletes," Journal of Studies on Alcohol 67 (2006): 880-889.

28 C. M. Schroeder and D. A. Prentice, "Exposing pluralistic ignorance to reduce alcohol use among college students," Journal of Applied Social Psychology 28, no. 23 (1998): 2150-2180.

29 J. A. Mutterperl and C. A. Sanderson, "Mind over matter: Internalization of the thinness norm as a moderator of responsiveness to norm misperception education in college women," Health Psychology 21, no. 5 (2002): 519-523.

30 K. M. Turetsky and C. A. Sanderson, "Comparing educational interventions: Correcting misperceived norms improves college students' mental health attitudes," Journal of Applied Social Psychology 48 (2018): 46-55.

31 Report I of the 40th Statewide Investigating Grand Jury, redacted by order of PA Supreme Court, Office of the Attorney General, Commonwealth of Pennsylvania, July 27, 2018, pp. 7, 1, https://www.attorneygeneral.gov/report/.

32 R. Denhollander, "The price I paid for taking on Larry Nassar," op-ed, New York Times, January 26, 2018.

33 ABC News, Nightline, May 9, 2017, https://abcnews.go.com/Nightline/video/details-emerge-horrific-penn-state-fraternity-house-party-47290537.

第6章　學校篇：對抗中小學校園霸凌

1 根據目前心理學界的建議，我在這裡刻意寫「因自殺死亡」（died by suicide）而不是更常見的「自殺身亡」（committed suicide）。S. Beaton, P. Forster, and M. Maple, "Suicide and language: Why we shouldn't use the 'C' word," Notes to Pages 95-98 225 InPsych, Australian Psychological Association, February 2013, https://www.psychology.org.au/publications/inpsych/2013/february/beaton; J. Ravitz, "The words to say—and not to say—about suicide," CNN, June 11, 2018, https://www.cnn.com/2018/06/09/health/suicide-language-words-matter/index.html

2 N. Alavi, T. Reshetukha, E. Prost, K. Antoniak, C. Patel, S. Sajid, and D. Groll, "Relationship between bullying and suicidal behaviour in youth presenting to the emergency department," Journal of the Canadian Academy of Child and Adolescent Psychiatry 26, no. 2 (2017): 70-77.

3 S. M. Swearer and S. Hymel, "Understanding the psychology of bullying: Moving toward a social-ecological diathesis-stress model," American Psychologist 70, no. 4 (2015): 344-353.

4 P. O'Connell, D. Pepler, and W. Craig, "Peer involvement in bullying: Insights and challenges for intervention," Journal of Adolescence 22 (1999): 437-452.

5 K. Rigby and P. T. Slee, "Bullying among Australian school children: Reported behavior and attitudes toward victims," Journal of Social Psychology 131, no. 5 (1991): 615-627; L. Jenkins and A. B. Nickerson,

"Bystander intervention in bullying: Role of social skills and gender," Journal of Early Adolescence 39, no. 2 (2019): 141-166

6 引用自 S. Wolpert, " 'Cool' kids in middle school bully more, UCLA psychologists report," UCLA Newsroom, January 24, 2013, http://newsroom.ucla.edu/releases/cool-middle-school-kids-bully-242868.

7 M. Sandstrom, H. Makover, and M. Bartini, "Social context of bullying: Do misperceptions of group norms influence children's responses to witnessed episodes?" Social Influence 8, no. 2-3 (2013): 196-215

8 T. Pozzoli and G. Gini, "Why do bystanders of bullying help or not? A multidimensional model," Journal of Early Adolescence 33 (2013): 315-340; T. Pozzoli, G. Gini, and A. Vieno, "The role of individual correlates and class norms in defending and passive bystanding behavior in bullying: A multilevel analysis," Child Development 83 (2012): 1917-1931.

9 L. R. Barhight, J. A. Hubbard, S. N. Grassetti, and M. T. Morrow, "Relations between actual group norms, perceived peer behavior, and bystander children's intervention to bullying," Journal of Clinical Child and Adolescent Psychology 46, no. 3 (2017): 394-400; Pozzoli, Gini, and Vieno, "The role of individual correlates and class norms."

10 V. Kubiszewski, L. Auzoult, C. Potard, and F. Lheureux, "Witnessing school bullying: To react or not to react? An insight into perceived social norms regulating self-predicted defending and passive behaviours," Educational Psychology 39, no. 9 (2019): 1174-1193.

11 I. Peritz, "Students give world a lesson in courage," Globe and Mail, April 26, 2018.

12 C. Salmivalli, K. Lagerspetz, K. Björkqvist, K. Österman, and A. Kaukiainen, "Bullying as a group process: Participant roles and their relations to social status within the group," Aggressive Behavior 22 (1996): 1-15.

13 R. Faris and D. Felmlee, "Casualties of social combat: School networks of peer victimization and their consequences," American Sociological Review 79, no. 2 (2014): 228-257.

14 "For most adolescents, popularity increases the risk of getting bullied," Press release, American Sociological Association, April 1, 2014, https://www.asanet.org/press-center/press-releases/most-adolescents-popularity-increases-risk-getting-bullied.

15 引用自T. Pearce, "Popular kids more likely to be bullies, study finds," Globe and Mail, February 8, 2011.

16 G. Gini, P. Albiero, B. Benelli, and G. Altoè, "Determinants of adolescents' active defending and passive bystanding behavior in bullying," Journal of Adolescence 31, no. 1 (2008): 93-105.

17 L. N. Jenkins and S. S. Fredrick, "Social capital and bystander behavior in bullying: Internalizing problems as a barrier to prosocial intervention," Journal of Youth and Adolescence 46, no. 4 (2017): 757-771.

18 J. R. Polanin, D. L. Espelage, and T. D. Pigott, "A meta-analysis of school-based bullying prevention programs' effects on bystander intervention behavior," School Psychology Review 41 (2012): 47-65.

19 J. Pfetsch, G. Steffgen, M. Gollwitzer, and A. Ittel, "Prevention of aggression in schools through a bystander intervention training," International Journal of Developmental Science 5, no. 1-2 (2011): 139-149.

20 S. Low, K. S. Frey, and C. J. Brockman, "Gossip on the playground: Changes associated with universal intervention, retaliation beliefs, and supportive friends," School Psychology Review 39, no. 4 (2010): 536-551.

21 H. W. Perkins, D. W. Craig, and J. M. Perkins, "Using social norms to reduce bullying: A research intervention among adolescents in five middle schools," Group Processes and Intergroup Relations 14, no. 5 (2011): 703-722.

22 E. L. Paluck, H. Shepherd, and P. M. Aronow, "Changing climates of conflict: A social network experiment in 56 schools," Proceedings of the National Academy of Sciences of the United States of America 113, no. 3 (2016): 566-571.

23 E. L. Paluck, "Changing climates of conflict: A social network experiment in 56 schools," Research brief, Woodrow Wilson School of Public and International Affairs, Princeton University, January 2016, https://wws.princeton.edu/faculty-research/research/item/changing-climates-conflict-social-network-experiment-56-schools.

24 J. A. Kelly, D. A. Murphy, K. J. Sikkema, R. L. McAuliffe, R. A. Roffman, L. J. Solomon, et al., "Randomised, controlled, community-

level HIVprevention intervention for sexual-risk behaviour among homosexual men in US cities. Community HIV Prevention Research Collaborative," Lancet 350, no. 9090 (1997): 1500-1505; E. L. Paluck, "Peer pressure against prejudice: A high school field experiment examining social network change," Journal of Experimental Social Psychology 47, no. 2 (2011): 350-358.

25 M. M. Ttof and D. P. Farrington, "Effectiveness of school-based programs to reduce bullying: A systematic and meta-analytic review," Journal of Experimental Criminology 7 (2011): 27-56.

26 J. Juvonen, H. L. Schacter, M. Sainio, and C. Salmivalli, "Can a school-wide bullying prevention program improve the plight of victims? Evidence for risk × intervention effects," Journal of Consulting and Clinical Psychology 84, no. 4 (2016): 334-344.

27 引用自S. Wolpert, "Anti-bullying program focused on bystanders helps the students who need it the most," UCLA Newsroom, February 1, 2016, http://newsroom.ucla.edu/releases/anti-bullying-program-focused-on-bystanders-helps-the-students-who-need-it-the-most.

28 Kubiszewski, Auzoult, Potard, and Lheureux, "Witnessing school bullying."

29 T. Jungert, B. Piroddi, and R. Thornberg, "Early adolescents' motivations to defend victims in school bullying and their perceptions of student-teacher relationships: A self-determination theory approach," Journal of Adolescence 53 (2016): 75-90.

30 E. Staub, "The roots of evil: Personality, social conditions, culture and basic human needs," Personality and Social Psychology Review 3 (1999): 179-192.

31 J. M. Hektner and C. A. Swenson, "Links from teacher beliefs to peer victimization and bystander intervention: Tests of mediating processes," Journal of Early Adolescence 32, no. 4 (2012): 516-536.

32 K. L. Mulvey, S. Gönülta , E. Goff, G. Irdam, R. Carlson, C. DiStefano, and M. J. Irvin, "School and family factors predicting adolescent cognition regarding bystander intervention in response to bullying and victim retaliation," Journal of Youth and Adolescence 48 (2019): 581-596.

33 E. Ahmed, " 'Stop it, that's enough' : Bystander intervention and its relationship to school connectedness and shame management," Vulnerable Children and Youth Studies 3, no. 3 (2008): 203-213.

34 引用自M. Shipman, "Family, school support makes kids more likely to stand up to bullying," NC State News, November 12, 2018, https://news.ncsu.edu/2018/11/support-bullying-intervention/.

第7章 大學篇：減少大學的不當性行為

1 J. Cui and B. O' Daly, "DKE case raises questions about fraternity bans," Yale Daily News, October 27, 2016.

2 D. Lisak and P. M. Miller, "Repeat rape and multiple offending among undetected rapists," Violence and Victims 17 (2002): 73-84.

3 P. R. Sanday, Fraternity Gang Rape: Sex, Brotherhood, and Privilege on Campus (New York: New York University Press, 1990).

4 S. B. Boeringer, "Influences of fraternity membership, athletics, and male living arrangements on sexual aggression," Violence against Women 2 (1996): 134-147; L. Lackie and A. F. de Man, "Correlates of sexual aggression among male university students," Sex Roles 37 (1997): 451-457; P. Y. Martin, "The rape prone culture of academic contexts: Fraternities and athletics," Gender and Society 30, no. 1 (2016): 30-43; S. McMahon, "Rape myth beliefs and bystander attitudes among incoming college students," Journal of American College Health 59, no. 1 (2010): 3-11; S. K. Murnen and M. H. Kohlman, "Athletic participation, fraternity membership, and sexual aggression among college men: A metaanalytic review," Sex Roles 57 (2007): 145-157.

5 T. Crosset, J. Benedict, and M. MacDonald, "Male student athletes reported for sexual assault: A survey of campus police departments and judicial affairs offlces," Journal of Sport & Social Issues 19 (1995): 126-140.

6 B.-R. Young, S. L. Desmarais, J. A. Baldwin, and R. Chandler, "Sexual coercion practices among undergraduate male recreational athletes, intercollegiate athletes, and non-athletes," Violence against Women 23, no. 7 (2017): 795-812.

7 E. T. Bleecker and S. K. Murnen, "Fraternity membership, the display of degrading sexual images of women, and rape myth acceptance," Sex Roles 53, no. 7-8 (2005): 487-493.

8 S. Houseworth, K. Peplow, and J. Thirer, "Influence of sport participation upon sex role orientation of Caucasian males and their attitudes toward women," Sex Roles 20, no. 5-6 (1989): 317-325.

9 J. B. Kingree and M. P. Thompson, "Fraternity membership and sexual aggression: An examination of mediators of the association," Journal of American College Health 61 (2013): 213-221.

10 Murnen and Kohlman, "Athletic participation, fraternity membership, and sexual aggression."

11 J. R. Mahalik, B. D. Locke, L. H. Ludlow, M. A. Diemer, R. P. Scott, M. Gottfried, and G. Freitas, "Development of the Conformity to Masculine Norms Inventory," Psychology of Men and Masculinity 4 (2003): 3-25.

12 C. A. Franklin, L. A. Bouffard, and T. C. Pratt, "Sexual assault on the college campus: Fraternity affliation, male peer support, and low selfcontrol," Criminal Justice and Behavior 39 (2012): 1457-1480; D. K. Iwamoto, W. Corbin, C. Lejuez, and L. MacPherson, "College men and alcohol use: Positive alcohol expectancies as a mediator between distinct masculine norms and alcohol use," Psychology of Men and Masculinity 15 (2014): 29-39.

13 S. Boeringer, C. Shehan, R. Akers, "Social contexts and social learning in sexual coercion and aggression: Assessing the contribution of fraternity membership," Family Relations 40, no. 1 (1991): 58-64.

14 R. C. Seabrook, L. M. Ward, and S. Giaccardi, "Why is fraternity membership associated with sexual assault? Exploring the roles of conformity to masculine norms, pressure to uphold masculinity, and objectification of women," Psychology of Men and Masculinity 19, no. 1 (2018): 3-13.

15 A. Abbey, "Alcohol's role in sexual violence perpetration: Theoretical explanations, existing evidence, and future directions," Drug and Alcohol Review 30 (2011): 481-489.

16 B. D. Locke and J. R. Mahalik, "Examining masculinity norms, problem drinking, and athletic involvement as predictors of sexual aggression in college men," Journal of Counseling Psychology 52, no. 3 (2005): 279-283.

17 G. B. Forbes, L. E. Adams-Curtis, A. H. Pakalka, and K. B. White, "Dating aggression, sexual coercion, and aggression-supporting

attitudes among college men as a function of participation in aggressive high school sports," Violence against Women 12 (2006): 441-455.

18 K. Parker, "Women in majority-male workplaces report higher rates of gender discrimination," Pew Research Center, FactTank, March 7, 2018, https://www.pewresearch.org/fact-tank/2018/03/07/women-in-majority -male -workplaces -report-higher-rates -of -gender-discrimination/.

19 C. F. Karpowitz and T. Mendelberg, The Silent Sex: Gender, Deliberation, and Institutions (Princeton, NJ: Princeton University Press, 2014).

20 C. Karpowitz and T. Mendelberg, "Is an old boys' club always sexist?" Washington Post, October 23, 2014.

21 C. Newlands and M. Marriage, "Women in asset management: Battling a culture of 'subtle sexism,' " Financial Times, November 29, 2014.

22 E. Chang, Brotopia: Breaking Up the Boys' Club of Silicon Valley (New York: Portfolio, 2018).

23 S. Chira, "We asked women in blue-color workplaces about harassment. Here are their stories," New York Times, December 29, 2017.

24 C. Kilmartin, T. Smith, A. Green, H. Heinzen, M. Kuchler, and D. Kolar, "A real time social norms intervention to reduce male sexism," Sex Roles 59 (2008): 264-273; C. Loh, C. A. Gidycz, T. R. Lobo, and R. Luthra, "A prospective analysis of sexual assault perpetration: Risk factors related to perpetrator characteristics," Journal of Interpersonal Violence 20 (2005): 1325-1348.

25 M. Carlson, "I' d rather go along and be considered a man: Masculinity and bystander intervention," Journal of Men's Studies 16 (2008): 3-17.

26 C. M. Dardis, M. J. Murphy, A. C. Bill, and C. A. Gidycz, "An investigation of the tenets of social norms theory as they relate to sexually aggressive attitudes and sexual assault perpetration: A comparison of men and their friends," Psychology of Violence 6, no. 1 (2016): 163-171.

27 Dardis, Murphy, Bill, and Gidycz, "An investigation of the tenets of social norms theory."

28 M. P. Thompson, K. M. Swartout, and M. P. Koss, "Trajectories and predictors of sexually aggressive behaviors during emerging adulthood," Psychology of Violence 3 (2013): 247-259.

29 P. M. Fabiano, H. W. Perkins, A. Berkowitz, J. Linkenbach, and C. Stark, "Engaging men as social justice allies in ending violence against women: Evidence for a social norms approach," Journal of American College Health 52, no. 3 (2003): 105-112.

30 A. L. Brown and T. L. Messman-Moore, "Personal and perceived peer attitudes supporting sexual aggression as predictors of male college students' willingness to intervene against sexual aggression," Journal of Interpersonal Violence 25 (2010): 503-517.

31 R. M. Leone and D. J. Parrott, "Misogynistic peers, masculinity, and bystander intervention for sexual aggression: Is it really just 'locker-room talk'?" Aggressive Behavior 45 (2019): 55-64.

32 R. M. Leone, D. J. Parrott, and K. M. Swartout, "When is it 'manly' to intervene? Examining the effects of a misogynistic peer norm on bystander intervention for sexual aggression," Psychology of Violence 7 (2017): 286-295.

33 "Remarks by the President and Vice President at an event for the Council on Women and Girls," White House, press release, January 22, 2014, https://obamawhitehouse.archives.gov/the-press-office/2014/01/22/remarks-president-and-vice-president-event-council-women-and-girls.

34 T. Rosenbert, "The destructive influence of imaginary peers," New York Times Opinionator blog, March 27, 2013, https://opinionator.blogs.nytimes.com/2013/03/27/the-destructive-influence-of-imaginary-peers/.

35 C. Kilmartin, T. Smith, A. Green, H. Heinzen, M. Kuchler, and D. Kolar, "A real time social norms intervention to reduce male sexism," Sex Roles 59 (2008): 264-273.

36 C. A. Gidycz, L. M. Orchowski, and A. D. Berkowitz, "Preventing sexual aggression among college men: An evaluation of a social norms and bystander intervention program," Violence against Women 17, no. 6 (2011): 720-742.

37 J. A. Mutterperl and C. A. Sanderson, "Mind over matter: Internalization of the thinness norm as a moderator of responsiveness to norm misperception education in college women," Health Psychology 21, no. 5 (2002): 519-523; K. M. Turetsky and C. A. Sanderson, "Comparing educational interventions: Correcting misperceived norms improves college students' mental health attitudes," Journal of Applied Social Psychology 48 (2018): 46-55.

38 V. L. Banyard, E. G. Plante, and M. M. Moynihan, "Bystander education: Bringing a broader community perspective to sexual violence prevention," Journal of Community Psychology 32 (2004): 61-79.

39 S. J. Potter, M. M. Moynihan, and J. G. Stapleton, "Using social selfidentifcation in social marketing materials aimed at reducing violencea gainst women on campus," Journal of Interpersonal Violence 26 (2011): 971-990.

40 L. Salazar, A. Vivolo-Kantor, J. Hardin, and A. Berkowitz, "A web-based sexual violence bystander intervention for male college students: Randomized controlled trial," Journal of Medical Internet Research 16, no. 9 (2014): e203; C. Y. Senn and A. Forrest, " 'And then one night when I went to class' : The impact of sexual assault bystander intervention workshops incorporated in academic courses," Psychology of Violence 6, no. 4 (2016): 607-618.

41 S. J. Potter, M. Flanagan, M. Seidman, H. Hodges, and J. G. Stapleton, "Developing and piloting videogames to increase college and university students' awareness and efflcacy of the bystander role in incidents of sexual violence," Games for Health Journal 8, no. 1 (2019): 24-34.

42 V. L. Banyard, M. M. Moynihan, and E. G. Plante, "Sexual violence prevention through bystander education: An experimental evaluation," Journal of Community Psychology 35 (2007): 463-481; A. L. Coker, P. G. Cook-Craig, C. M. Williams, B. S. Fisher, E. R. Clear, L. S. Garcia, and L. M. Hegge, "Evaluation of Green Dot: An active bystander intervention to reduce sexual violence on college campuses," Violence against Women 17, no. 6 (2011): 777-796; J. Langhinrichsen-Rohling, J. D. Foubert, H. M. Brasfield, B. Hill, and S. Shelley-Tremblay, "The Men's Program: Does it impact college men's self-reported bystander efficacy and willingness to intervene?" Violence against Women 17 no. 6 (2011): 743-759; S. J. Potter and M. M. Moynihan, "Bringing in the bystander in-person prevention program to a U.S. military installation: Results from a pilot study," Military Medicine 176, no. 8 (2011): 870-875.

43 J. Katz and J. Moore, "Bystander education training for campus sexual assault prevention: An initial meta-analysis," Violence and

Victims 28 (2013): 1054-1067; H. H. Kettrey and R. A. Marx, "The effects of bystander programs on the prevention of sexual assault across the college years: A systematic review and meta-analysis," Journal of Youth and Adolescence 48 (2019): 212-227.

44 A. L. Coker, B. S. Fisher, H. M. Bush, S. C. Swan, C. M. Williams, E. R. Clear, and S. DeGue, "Evaluation of the Green Dot bystander intervention to reduce interpersonal violence among college students across three campuses," Violence against Women 21, no. 12 (2015): 1507-1527.

45 E. N. Jouriles, R. McDonald, D. Rosenfeld, N. Levy, K. Sargent, C. Caiozzo, and J. H. Grych, "TakeCARE, a video bystander program to help prevent sexual violence on college campuses: Results of two randomized, controlled trials," Psychology of Violence 6, no. 3 (2015): 410-420; A. Kleinsasser, E. N. Jouriles, R. McDonald, and D. Rosenfeld, "An online bystander intervention program for the prevention of sexual violence," Psychology of Violence 5, no. 3 (2014): 227-235.

46 E. N. Jouriles, R. McDonald, D. Rosenfeld, and K. S. Sargent, "Increasing bystander behavior to prevent adolescent relationship violence: A randomized controlled trial," Journal of Consulting and Clinical Psychology 87, no. 1 (2019): 3-15; K. S. Sargent, E. N. Jouriles, D. Rosenfeld, and R. McDonald, "A high school-based evaluation of TakeCARE, a video bystander program to prevent adolescent relationship violence," Journal of Youth and Adolescence 46, no. 3 (2016): 633-643.

47 V. L. Banyard and M. M. Moynihan, "Variation in bystander behavior related to sexual and intimate partner violence prevention: Correlates in a sample of college students," Psychology of Violence 1, no. 4 (2011): 287-301; K. M. Lukacena, T. Reynolds-Tylus, and B. L. Quick, "An application of the reasoned action approach to bystander intervention for sexual assault," Health Communication 34, no. 1 (2019): 46-53; S. McMahon, "Rape myth beliefs and bystander attitudes among incoming college students," Journal of American College Health 59, no. 1 (2010): 3-11; S. McMahon, P. Treitler, N. A. Peterson, and J. O' Connor, "Bystander intentions to intervene and previous sexual violence education: A latent class analysis," Psychology of Violence 9, no. 1 (2019): 117-126.

48 M. Planty, "Third party involvement in violent crime, 1993-99," NCJ 189100, Bureau of Justice Statistics, Special Report, U.S. Department of Justice, July 2002, https://www.bjs.gov/content/pub/pdf/tpivc99.pdf.

49 P. Y. Martin and R. A. Hummer, "Fraternities and rape on campus," Gender and Society 3 (1989): 457-473.

50 M. Winerip, “Stepping up to stop sexual assault,” New York Times, February 7, 2014.

51 S. E. Humphrey and A. S. Kahn, “Fraternities, athletic teams, and rape: Importance of identiflcation with a risky group,” Journal of Interpersonal Violence 15, no. 12 (2000): 1313-1322.

52 G. B. Forbes, L. E. Adams-Curtis, A. H. Pakalka, and K. B. White, “Dating aggression, sexual coercion, and aggression-supporting attitudes among college men as a function of participation in aggressive high school sports,” Violence against Women 12 (2006): 441-455.

53 E. Anderson, “Inclusive masculinity in a fraternal setting,” Men and Masculinities 10, no. 5 (2008): 604-620.

54 A. A. Boswell and J. Z. Spade, “Fraternities and collegiate rape culture: Why are some fraternities more dangerous places for women?” Gender and Society 10, no. 2 (1996): 133-147.

第 8 章　職場篇：培養職場倫理

1 J. A. Woodzicka and M. LaFrance, “Real versus imagined gender harassment,” Journal of Social Issues 57, no. 1 (2001): 15-30.

2 L. F. Fitzgerald, S. Swan, and K. Fischer, “Why didn’t she just report him? The psychological and legal implications of women’s responses to sexual harassment,” Journal of Social Issues 51, no. 1 (1995): 117-138.

3 L. M. Cortina and J. L. Berdahl, “Sexual harassment in organizations: A decade of research in review,” in Handbook of Organizational Behavior: Micro Perspectives, ed. C. Cooper and J. Barling, 469-497 (Thousand Oaks, CA: Sage, 2008).

4 C. C. Miller, “It’s not just Fox: Why women don’t report sexual harassment,” New York Times, April 11, 2017, B2.

5 A. Fredin, “The unexpected cost of staying silent,” Strategic Finance 93 (2012): 53-59.

6 UMass Amherst News Office, “Badgett coauthors report examining harassment complaints,” University of Massachusetts Amherst,

School of Public Policy, December 13, 2018, https://www.umass.edu/spp/news/badgett-coauthors-report-examining-sexual-harassment-complaints.

7 L. M. Cortina and V. J. Magley, “Raising voice, risking retaliation: Events following interpersonal mistreatment in the workplace,” Journal of Occupational Health Psychology 8, no. 4 (2003): 247-265.

8 L. Ashburn-Nardo, J. C. Blanchar, J. Petersson, K. A. Morris, and S. A. Goodwin, “Do you say something when it’s your boss? The role of perpetrator power in prejudice confrontation,” Journal of Social Issues 70, no. 4 (2014): 615-636.

9 W. Martinez, S. K. Bell, J. M. Etchegaray, and L. S. Lehmann, “Measuring moral courage for interns and residents: Scale development and initial psychometrics,” Academic Medicine 91, no. 10 (2016): 1431-1438.

10 C. V. Caldicott and K. Faber-Langendoen, “Deception, discrimination, and fear of reprisal: Lessons in ethics from third-year medical students,” Academic Medicine 80, no. 9 (2005): 866-873.

11 C. K. Hofling, E. Brotzman, S. Dalrymple, N. Graves, and C. Bierce, “An experimental study of nurse-physician relations,” Journal of Nervous and Mental Disease 143 (1966): 171-180.

12 D. Maxfeld, J. Grenny, R. Lavandero, and L. Groah, “The silent treatment: Why safety tools and checklists aren’t enough to save lives,” September 2011, https://faculty.medicine.umich.edu/sites/default/fles/resources/silent_treatment.pdf.

13 T. Couch, “Skimming and scamming: Detecting and preventing expense reimbursement fraud,” Accounting Today, June 15, 2018, https://www.accountingtoday.com/opinion/skimming-and-scamming-detecting-and-preventing-expense-reimbursement-fraud.

14 這種作法以及其他同事傾向無視的態度，實在令我困擾，我曾為此投書《紐約時報》的倫理學家專欄，請見 K. A. Appiah, “How can I make my colleague stop stealing?” New York Times Magazine, May 8, 2018.

15 J. F. Burns, “In Britain, scandal flows from modest request,” New York Times, May 19, 2009.

16 K. Stone, “Rep. Duncan Hunter’s wife implicates congressman in vast misuse of campaign funds,” Times of San Diego, June 13, 2019.

17 M. J. Quade, R. L. Greenbaum, and O. V. Petrenko, " 'I don' t want to be near you, unless . . .' : The interactive effect of unethical behavior and performance onto relationship conflict and workplace ostracism," Personnel Psychology 70 (2016): 675-709.

18 R. Goldstein, "Hugh Thompson, 62, who saved civilians at My Lai, dies," New York Times, January 7, 2006, C14.

19 R. Leung, "An American hero: Vietnam veteran speaks out about My Lai," 60 Minutes, CBS News, May 6, 2004.

20 N. Trautman, "Police code of silence facts revealed," International Association of Chiefs of Police, Legal Officers Section, Annual Conference, 2000, https://www.aele.org/loscode2000.html.

21 M. Davey, "Police 'code of silence' is on trial after murder by Chicago officer," New York Times, December 3, 2018.

22 J. Pease, "The sin of silence," Washington Post, May 31, 2018.

23 A. D. Sorkin, "Isolated victims, from Williamsburg to Notre Dame," New Yorker, January 23, 2013.

24 L. H. Somerville, "What can we learn from Dartmouth?" Letter to Young Scientists, Science, November 20, 2018, https://www.sciencemag.org/careers/2018/11/what-can-we-learn-dartmouth.

25 T. Kopan, "Lindsey Graham: 'Tell Donald Trump to go to hell,' " CNN, December 8, 2015, https://www.cnn.com/2015/12/08/politics/lindsey-graham-donald-trump-go-to-hell-ted-cruz/index.html.

26 K. Sutton, "Lindsay Graham heaps praise on Trump: 'I am all in.' " Politico, April 19, 2017.

27 D. Brooks, "Morality and Michael Cohen," op-ed, New York Times, March 1, 2019, A23.

28 J. Comey, "How Trump co-opts leaders like Bill Barr," op-ed, New York Times, May 2, 2019, A27.

29 F. Gino and M. H. Bazerman, "When misconduct goes unnoticed: The acceptability of gradual erosion in others' unethical behavior," Journal of Experimental Social Psychology 45 (2009): 708-719.

30 I. Suh, J. T. Sweeney, K. Linke, and J. Wall, "Boiling the frog slowly: The immersion of C-suite financial executives into fraud," Journal of Business Ethics (July 2018): 1-29.

31 Association of Certified Fraud Examiners, "2012 Report to the nations," Key Findings and Highlights, ACFE, Austin, TX, 2012, https://www.acfe.com/rttn-highlights.aspx.

32 P. Schutz, "Department of Justice meets with Chicago police union," WTTW News, December 11, 2015, https://news.wttw.com/2015/12/11/department-justice-meets-chicago-police-union.

33 T. Devine and T. F. Maassarani, The Corporate Whistleblower' s Survival Guide: A Handbook for Committing the Truth (Oakland, CA: BerrettKoehler Publishers, 2011).

34 A. Graham, "The thought leader interview: Jonathan Haidt," Strategy + Business newsletter 82, February 1, 2016, https://www.strategy-business.com/article/The-Thought-Leader-Interview-Jonathan-Haidt?gko=ddc37.

35 W. Yakowicz, "A new website that helps CEOs lead more ethically," Inc. website, January 22, 2014, https://www.inc.com/will-yakowicz/nonproft-aims-to-help-ceos-lead-more-ethically.html.

36 F. O. Walumbwa and J. Schaubroeck, "Leader personality traits and employee voice behavior: Mediating roles of ethical leadership and work group psychological safety," Journal of Applied Psychology 94, no. 5 (2009): 1275-1286.

37 D. M. Mayer, K. Aquino, R. S. Greenbaum, and M. Kuenzi, "Who displays ethical leadership and why does it matter? An examination of antecedents and consequences of ethical leadership," Academy of Management Journal 55, no. 1 (2012): 151-171.

38 J. Jordan, M. E. Brown, L. K. Treviño, and S. Finkelstein, "Someone to look up to: Executive-follower ethical reasoning and perceptions of ethical leadership," Journal of Management 39, no. 3 (2013): 660-683.

39 Summary of F. Kiel, "Measuring the return on character," Harvard Business Review, April 2015, 20-21, HBR website, https://hbr.org/2015/04/measuring-the-return-on-character.

40 "Leadership," Ethicalsystems.org, 2018, https://www.ethicalsystems.org/content/leadership.

41 J. Lammers, D. A. Stapel, and A. D. Galinsky, "Power increases hypocrisy: Moralizing in reasoning, immorality in behavior," Psychological Science 21, no. 5 (2010): 737-744.

42 Association for Psychological Science, "Why powerful people—many of whom take a moral high ground—don' t practice what they preach," ScienceDaily, December 30, 2009, https://www.sciencedaily.com/releases/2009/12/091229105906.htm.

43 引用自D. T. Welsh, L. D. Ordóñez, D. G. Snyder, and M. S. Christian, "The slippery slope: How small ethical transgressions pave the way for larger future transgressions," Journal of Applied Psychology 100, no. 1 (2015): 114-127.

44 H. Brody, "The company we keep: Why physicians should refuse to see pharmaceutical representatives," Annals of Family Medicine 3, no. 1 (2005): 82-85; C. Ornstein, M. Tigas, and R. G. Jones, "Now there' s proof: Docs who get company cash tend to prescribe more brand-name meds," ProPublica, March 17, 2016, https://www.propublica.org/article/doctors-who-take-company-cash-tend-to-prescribe-more-brand-name-drugs.

45 I. Larkin, D. Ang, J. Steinhart, M. Chao, M. Patterson, S. Sah, et al., "Association between academic medical center pharmaceutical detailing policies and physician prescribing," Journal of the American Medical Association 317, no. 17 (2017): 1785-1795.

46 C. W. Bauman, L. P. Tost, and M. Ong, "Blame the shepherd not the sheep: Imitating higher-ranking transgressors mitigates punishment for unethical behavior," Organizational Behavior and Human Decision Processes 137 (2016): 123-141.

47 C. P. Guthrie and E. Z. Taylor, "Whistleblowing on fraud for pay: Can I trust you?" Journal of Forensic Accounting Research 2, no. 1 (2017): A1-A19.

48 J. H. Wilde, "The deterrent effect of employee whistleblowing on firms' financial misreporting and tax aggressiveness," Accounting Review 92, no. 5 (2017): 247-280.

49 L. L. Shu, N. Mazar, F. Gino, D. Ariely, and M. H. Bazerman, "Signing at the beginning makes ethics salient and decreases dishonest self-reports in comparison to signing at the end," Proceedings of the National Academy of Sciences of the United States

of America 109, no. 38 (2012): 15197–15200.

50 O. J. Sheldon and A. Fishbach, "Anticipating and resisting the temptation to behave unethically," Personality and Social Psychology Bulletin 41, no. 7 (2015): 962-975.

51 Society for Personality and Social Psychology, "Anticipating temptation may reduce unethical behavior, research funds," Science Daily, May 22, 2015, https://www.sciencedaily.com/releases/2015/05/150522083509.htm.

52 M. Bateson, D. Nettle, and G. Roberts, "Cues of being watched enhance cooperation in a real-world setting," Biology Letters 2, no. 3 (2006): 412–414.

53 R. L. Helmreich, A. Merritt, and J. Wilhelm, "The evolution of crew resource management training in commercial aviation," International Journal of Aviation Psychology 9, no. 1 (1999): 19–32.

54 E. Staub, "Promoting healing and reconciliation in Rwanda, and generating active bystandership by police to stop unnecessary harm by fellow officers," Perspectives on Psychological Science 14, no. 1 (2019): 60–64.

55 J. Aronie and C. E. Lopez, "Keeping each other safe: An assessment of the use of peer intervention programs to prevent police officer mistakes and misconduct, using New Orleans' EPIC program as a potential national model," Police Quarterly 20 (2017): 295–321.

56 Quoted in T. Jackman, "New Orleans police pioneer new way to stop misconduct, remove 'blue wall of silence,'" Washington Post, January 24, 2019.

57 A. Novotney, "Preventing police misconduct," Monitor on Psychology 48, no. 9 (2017): 30.

58 Jackman, "New Orleans police pioneer new way to stop misconduct."

59 Staub, "Promoting healing and reconciliation in Rwanda."

60 D. Maxfeld, "How a culture of silence eats away at your company," Harvard Business Review, December 7, 2016; W. Martinez,

S. K. Bell, J. M. Etchegaray, and L. S. Lehmann, "Measuring moral courage for interns and residents: Scale development and initial psychometrics," Academic Medicine 91, no. 10 (2016): 1431-1438.

61 J. Nance, Why Hospitals Should Fly: The Ultimate Flight Plan to Patient Safety and Quality Care (Bozeman, MT: Second River Healthcare, 2008).

62 "Why hospitals should fly: Learning valuable lessons from the aviation industry," Winnipeg Regional Health Authority, press release, April 25, 2015, https://www.wrha.mb.ca/quality/fles/JohnNance.pdf.

63 D. M. Mayer, S. Nurmohamed, L. K. Treviño, D. L. Shapiro, and M. Schminke, "Encouraging employees to report unethical conduct internally: It takes a village," Organizational Behavior and Human Decision Processes 121 (2013): 89-103.

第9章 了解道德叛客

1 K. Zernike, "The reach of war: the witnesses; only a few spoke up on abuse as many soldiers stayed silent," New York Times, May 22, 2004.

2 B. Monin, P. J. Sawyer, and M. J. Marquez, "The rejection of moral rebels: Resenting those who do the right thing," Journal of Personality and Social Psychology 95, no. 1 (2008): 76-93.

3 W. I. Miller, The Mystery of Courage (Cambridge, MA: Harvard University Press, 2000); E. Staub, "The roots of goodness: The fulfillment of basic human needs and the development of caring, helping and non-aggression, inclusive caring, moral courage, active bystandership, and altruism born of suffering," in Nebraska Symposium on Motivation, vol. 51: Moral Motivation through the Life Span, ed. G. Carlo and C. P. Edwards, 33-72 (Lincoln: University of Nebraska Press, 2005); E. Staub, The Roots of Goodness and Resistance to Evil: Inclusive Caring, Moral Courage, Altruism Born of Suffering, Active Bystandership and Heroism (New York: Oxford University Press, 2015).

4 T. L. Sonnentag and M. A. Barnett, "An exploration of moral rebelliousness with adolescents and young adults," Ethics and

Behavior 23 (2013): 214-236; T. L. Sonnentag and M. A. Barnett, "Role of moral identity and moral courage characteristics in adolescents' tendencies to be a moral rebel," Ethics and Behavior 26, no. 4 (2016): 277-299.

5 E. Midlarsky, "Aiding under stress: The effects of competence, dependency, visibility, and fatalism," Journal of Personality 39, no. 1 (1971):240 132-149; E. Staub, Personality: Basic Aspects and Current Research (Englewood Cliffs, NJ: Prentice-Hall, 1980).

6 C. Hellemans, D. Dal Cason, and A. Casini, "Bystander helping behavior in response to workplace bullying," Swiss Journal of Psychology 76, no. 4 (2017): 135-144.

7 G. Gini, P. Albiero, B. Benelli, and G. Altoè, "Determinants of adolescents' active defending and passive bystanding behavior in bullying," Journal of Adolescence 31, no. 1 (2008): 93-105.

8 Sonnentag and Barnett, "An exploration of moral rebelliousness."

9 M. Y. Bamaca and A. Umana-Taylor, "Testing a model of resistance to peer pressure among Mexican-origin adolescents," Journal of Youth and Adolescence 35 (2006): 631-645; T. E. Dielman, P. C. Campanelli, J. T. Shope, and A. T. Butchart, "Susceptibility to peer pressure, self-esteem, and health locus of control as correlates of adolescent substance abuse," Health Education Quarterly 14 (1987): 207-221.

10 Sonnentag and Barnett, "Role of moral identity and moral courage characteristics."

11 D. A. Saucier and R. J. Webster, "Social vigilantism: Measuring individual differences in belief superiority and resistance to persuasion," Personality and Social Psychology Bulletin 36 (2010): 19-32.

12 A. Moisuc, M. Brauer, A. Fonseca, N. Chaurand, and T. Greitemeyer, "Individual differences in social control: Who 'speaks up' when witnessing uncivil, discriminatory, and immoral behaviours?" British Journal of Social Psychology 57 (2018): 524-546.

13 E. Midlarsky, S. F. Jones, and R. P. Corley, "Personality correlates of heroic rescue during the Holocaust," Journal of Personality 73, no. 4 (2005): 907-934.

14 H. W. Bierhoff, R. Klein, and P. Kramp, "Evidence for the altruistic personality from data on accident research," Journal of Personality 59 (1991): 263-280.

15 V. P. Poteat and O. Vecho, "Who intervenes against homophobic behavior? Attributes that distinguish active bystanders," Journal of School Psychology 54 (2016): 17-28.

16 P. M. Zoccola, M. C. Green, E. Karoutsos, S. M. Katona, and J. Sabini, "The embarrassed bystander: Embarrassability and the inhibition of helping," Personality and Individual Differences 51, no. 8 (2011): 925-929.

17 D. M. Tice and R. F. Baumeister, "Masculinity inhibits helping in emergencies: Personality does predict the bystander effect," Journal of Personality and Social Psychology 49 (1985): 420-428.

18 D. K. Campbell-Meiklejohn, R. Kanai, B. Bahrami, D. R. Bach, R. J. Dolan, A. Roepstorff, and C. D. Frith, "Structure of orbitofrontal cortex predicts social influence," Current Biology 22, no. 4 (2012): R123-R124.

19 P. Jean-Richard-dit-Bressel and G. P. McNally, "Lateral, not medial, prefrontal cortex contributes to punishment and aversive instrumental learning," Learning and Memory 23, no. 11 (2016): 607-617.

20 E. B. Falk, C. N. Cascio, M. B. O' Donnell, J. Carp, F. J. Tinney, C. R. Bingham, et al., "Neural responses to exclusion predict susceptibility to social influence," Journal of Adolescent Health 54, no. 5 suppl. (2014): S22-S31; B. G. Simons-Morton, A. K. Pradhan, C. Raymond Bingham, E. B. Falk, K. Li, M. C. Ouimet, et al., "Experimental effects of injunctive norms on simulated risky driving among teenage males," Health Psychology 33, no. 7 (2014): 616-627.

21 引用自M. Laris, "Teen drivers' brains may hold the secret to combating road deaths," Washington Post, July 2, 2016.

22 N. Wasylyshyn, B. Hemenway Falk, J. O. Garcia, C. N. Cascio, M. B. O' Donnell, C. R. Bingham, et al., "Global brain dynamics during social exclusion predict subsequent behavioral conformity," Social Cognitive and Affective Neuroscience 13, no. 2 (2018): 182-191.

23 D. Grossman, On Killing: The Psychological Cost of Learning to Kill in War and Society (Boston: Little, Brown, 1995). 繁體中文版《論殺戮：什麼是殺人行為的本質？》於二〇一六年由遠流出版。

24 H. Rosin, "When Joseph comes marching home," Washington Post, May 17, 2004.

25 Rosin, "When Joseph comes marching home"; "Praise for Iraq whistleblower," CBS News, May 10, 2004.

26 "A 'whistleblower' made into a Hollywood heroine," Weekend Edition Saturday, NPR, June 30, 2011, https://www.npr.org/2011/07/30 /138826591/a-whistleblower-made-into-a-hollywood-heroine.

27 C. D. Batson, B. D. Duncan, P. Ackerman, T. Buckley, and K. Birch, "Is empathic emotion a source of altruistic motivation?" Journal of Personality and Social Psychology 40, no. 2 (1981): 290-302.

28 N. Eisenberg and R. A. Fabes, "Prosocial development," in Handbook of Child Psychology, ed. W. Damon, vol. 3: Social, Emotional, and Personality Development, ed. N. Eisenberg, 5th ed., 701-778 (New York:242 Wiley, 1998); E. Staub, Positive Social Behavior and Morality, vol. 2: Socialization and Development (San Diego: Academic Press, 1979).

29 I. Coyne, A.-M. Gopaul, M. Campbell, A. Pankász, R. Garland, and F. Cousans, "Bystander responses to bullying at work: The role of mode, type and relationship to target," Journal of Business Ethics 157, no. 3 (2017): 813-827.

30 J. Katz, R. Pazienza, R. Olin, and H. Rich, "That' s what friends are for: Bystander responses to friends or strangers at risk for party rape victimization," Journal of Interpersonal Violence 30, no. 16 (2015): 2775-2792.

31 N. Brody and A. L. Vangelisti, "Bystander intervention in cyberbullying," Communication Monographs 83, no. 1 (2016): 94-119.

32 R. L. Meyer, C. L. Masten, Y. Ma, C. Wang, Z. Shi, N. I. Eisenberger, and S. Han, "Empathy for the social suffering of friends and strangers recruits distinct patterns of brain activation," Social Cognitive and Affective Neuroscience 8 (2013): 446-454.

33 M. H. Davis, "Measuring individual differences in empathy: Evidence for a multidimensional approach," Journal of Personality and Social Psychology 44 (1983): 113-126.

34 G. Gini, R. Thornberg, and T. Pozzoli, "Individual moral disengagement and bystander behavior in bullying: The role of moral distress and collective moral disengagement," Psychology of Violence (in press), doi: 10.1037/vio0000223.

35 R. Hortensius, D. J. L. G. Schutter, and B. Gelder, "Personal distress and the influence of bystanders on responding to an emergency," Cognitive, Affective and Behavioral Neuroscience 16, no. 4 (2016): 672-688.

36 A. A. Marsh, S. A. Stoycos, K. M. Brethel-Haurwitz, P. Robinson, J. W. VanMeter, and E. M. Cardinale, "Neural and cognitive characteristics of extraordinary altruists," Proceedings of the National Academy of Sciences of the United States of America 111, no. 42 (2014): 15036-15041.

37 K. M. Brethel-Haurwitz, E. M. Cardinale, K. M. Vekaria, E. L. Robertson, B. Walitt, J. W. VanMeter, and A. A. Marsh, "Extraordinary altruists exhibit enhanced self-other overlap in neural responses to distress," Psychological Science 29, no. 10 (2018): 1631-1641.

38 E. Staub, "Building a peaceful society: Origins, prevention, and reconciliation after genocide and other group violence," American Psychologist 68, no. 7 (2013): 576-589.

39 Quoted in S. Shellenbarger, "Are you a hero or a bystander?" Wall Street Journal, August 22, 2012.

40 Staub, "The roots of goodness," 2005.

41 N. Fox and H. N. Brehm, " 'I decided to save them' : Factors that shaped participation in rescue efforts during genocide in Rwanda," Social Forces 96, no. 4 (2018): 1625-1648.

42 Quoted in S. Begley, "Saints and sinners: The science of good and evil," Newsweek, April 24, 2009.

43 J. P. Allen, J. Chango, D. Szwedo, M. Schad, and E. Marston, "Predictors of susceptibility to peer influence regarding substance use in adolescence," Child Development 83, no. 1 (2012): 337-350.

44 N. Abbott and L. Cameron, "What makes a young assertive bystander? The effect of intergroup contact, empathy, cultural openness, and ingroup bias on assertive bystander intervention intentions," Journal of Social Issues 70, no. 1 (2014): 167-182.

45 S. H. Konrath, E. H. O' Brien, and C. Hsing, "Changes in dispositional empathy in American college students over time: A metaanalysis," Personality and Social Psychology Review 15, no. 2 (2011): 180-198.

46 J. M. Twenge and J. D. Foster, "Birth cohort increases in narcissistic personality traits among American college students, 1982-2009," Social Psychological and Personality Science 1, no. 1 (2010): 99-106.

47 J. M. Twenge, Generation Me (New York: Free Press, 2006).

48 J. Zaki, The War for Kindness: Building Empathy in a Fractured World (New York: Crown, 2019).

49 K. Schumann, J. Zaki, and C. S. Dweck, "Addressing the empathy deficit: Beliefs about the malleability of empathy predict effortful responses when empathy is challenging," Journal of Personality and Social Psychology 107, no. 3 (2014): 475-493.

第10章　成為道德叛客

1 A. Rattan and C. S. Dweck, "Who confronts prejudice? The role of implicit theories in the motivation to confront prejudice," Psychological Science 21, no. 7 (2010): 952-959.

2 M. M. Hollander, "The repertoire of resistance: Non-compliance with directives in Milgram's 'obedience' experiments," British Journal of Social Psychology 54 (2015): 425-444.

3 L. R. Martinez, M. R. Hebl, N. A. Smith, and I. E. Sabat, "Standing up and speaking out against prejudice toward gay men in the workplace," Journal of Vocational Behavior 103, pt. A (2017): 71-85.

4 L. M. Lamb, R. S. Bigler, L. Liben, and V. A. Green, "Teaching children to confront peers' sexist remarks: Implications for theories of gender development and educational practice," Sex Roles 61, no. 5-6 (2009): 361-382.

5 E. Staub, "Promoting healing and reconciliation in Rwanda, and generating active bystandership by police to stop unnecessary harm by fellow officers," Perspectives on Psychological Science 14, no. 1 (2019): 60-64; E. Staub, "Preventing violence and promoting active bystandership and peace: My life in research and applications," Peace and Conflict: Journal of Peace Psychology 24, no. 1 (2019): 95-111.

6 S. P. Oliner and P. M. Oliner, The Altruistic Personality: Rescuers of Jews in Nazi Europe (New York: Free Press, 1988).

7 A. Hartocollis, "Dartmouth professors are accused of sexual abuse by 7 women in lawsuit," New York Times, November 15, 2018.

8 I. Coyne, A.-M. Gopaul, M. Campbell, A. Pankász, R. Garland, and F. Cousans, "Bystander responses to bullying at work: The role of mode, type and relationship to target," Journal of Business Ethics 157, no. 3 (2019): 813-827; J. Katz, R. Pazienza, R. Olin, and H. Rich, "That' s what friends are for: Bystander responses to friends or strangers at risk for party rape victimization," Journal of Interpersonal Violence 30, no. 16 (2015): 2775-2792.

9 M. Levine, A. Prosser, D. Evans, and S. Reicher, "Identity and emergency intervention: How social group membership and inclusiveness of group boundaries shape helping behavior," Personality and Social Psychology Bulletin 31, no. 4 (2005): 443-453.

10 E. Kroshus, T. Paskus, and L. Bell, "Coach expectations about off-field conduct and bystander intervention by U.S. college football players to prevent inappropriate sexual behavior," Journal of Interpersonal Violence 33, no. 2 (2018): 293-315.

11 M. Gladwell, "Small change," New Yorker, October 4, 2010; D. McAdam, "Recruitment to High-Risk Activism: The Case of Freedom Summer," American Journal of Sociology 92, no. 1 (1986): 64-90.

12 V. L. Allen and J. M. Levine, "Consensus and conformity," Journal of Experimental Social Psychology 5 (1969): 389-399; V. L. Allen and J. M. Levine, "Social support and conformity: The role of independent assessment of reality," Journal of Experimental Social Psychology 7, no. 1 (1971): 48-58; C. Nemeth and C. Chiles, "Modelling courage: The role of dissent in fostering independence," European Journal of Social Psychology 18, no. 3 (1988): 275-280; F. Rochat and A. Modigliani, "The ordinary quality of resistance: From Milgram' s laboratory to the village of Le Chambon," Journal of Social Issues 51 (1995): 195-210.

13 引用自D. Goleman, "Studying the pivotal role of bystanders," New York Times, June 22, 1993, C1.

14 N. J. Goldstein, R. B. Cialdini, and V. Griskevicius, "A room with a viewpoint: Using social norms to motivate environmental conservation in hotels," Journal of Consumer Research 35 (2008): 472-482.

15 A. Gerber, D. Green, and C. Larimer, "Social pressure and voter turnout: Evidence from a large-scale field experiment," American Political Science Review 102, no. 1 (2008): 33-48.

16 D. Centola, J. Becker, D. Brackbill, and A. Baronchelli, "Experimental evidence for tipping points in social convention," Science 360, no. 6393 (June 8, 2018): 1116-1119.

17 C. R. Sunstein, How Change Happens (Cambridge, MA: MIT Press, 2019).

18 J. Steinbeck, East of Eden (New York: Penguin Books, 1992).繁體中文版《伊甸園東》於一九九五年由桂冠出版。

國家圖書館出版品預行編目（CIP）資料

為什麼好人總是袖手旁觀：揭開讓我們選擇沉默的人性機制 / 凱瑟琳.山德森(Catherine A. Sanderson)著；林凱雄譯. -- 初版. -- 臺北市：商周出版：家庭傳媒城邦分公司發行, 2020.08
面；　公分
譯自：Why we act : turning bystanders into moral rebels
ISBN 978-986-477-888-1(平裝)

1.心理學 2.旁觀者效應 3.利他主義

170　　　　109010696

BF3044

為什麼好人總是袖手旁觀 揭開讓我們選擇沉默的人性機制

原 文 書 名／Why We Act: Turning Bystanders Into Moral Rebels
作　　　者／凱瑟琳・山德森（Catherine A. Sanderson）
譯　　　者／林凱雄
責 任 編 輯／李皓歆
企 劃 選 書／黃鈺雯
版　　　權／黃淑敏、吳亭儀
行 銷 業 務／周佑潔、王瑜

總　編　輯／陳美靜
總　經　理／彭之琬
事業群總經理／黃淑貞
發　行　人／何飛鵬
法 律 顧 問／台英國際商務法律事務所　羅明通律師
出　　　版／商周出版
臺北市 104 民生東路二段 141 號 9 樓
電話：(02) 2500-7008　傳真：(02) 2500-7759
E-mail: bwp.service @ cite.com.tw
發　　　行／英屬蓋曼群島商家庭傳媒股份有限公司　城邦分公司
臺北市 104 民生東路二段 141 號 2 樓
讀者服務專線：0800-020-299　24 小時傳真服務：(02) 2517-0999
讀者服務信箱 E-mail: cs@cite.com.tw
劃撥帳號：19833503　戶名：英屬蓋曼群島商家庭傳媒股份有限公司城邦分公司
訂 購 服 務／書虫股份有限公司客服專線：(02) 2500-7718；2500-7719
服務時間：週一至週五上午 09:30-12:00；下午 13:30-17:00
24 小時傳真專線：(02) 2500-1990；2500-1991
劃撥帳號：19863813　戶名：書虫股份有限公司
香 港 發 行 所／城邦（香港）出版集團有限公司
香港灣仔駱克道 193 號東超商業中心 1 樓
E-mail: hkcite@biznetvigator.com
電話：(852) 25086231　傳真：(852) 25789337
E-mail：hkcite@biznetvigator.com
馬 新 發 行 所／Cite (M) Sdn. Bhd.
41, Jalan Radin Anum, Bandar Baru Sri Petaling, 57000 Kuala Lumpur, Malaysia.
電話：(603) 9057-8822　傳真：(603) 9057-6622　E-mail: cite@cite.com.my

美 術 編 輯／簡至成
封 面 設 計／萬勝安
製 版 印 刷／韋懋實業有限公司
經　銷　商／聯合發行股份有限公司　電話：(02) 2917-8022　傳真：(02) 2911-0053
地址：新北市 231 新店區寶橋路 235 巷 6 弄 6 號 2 樓

■ **2020 年 08 月 06 日初版 1 刷**

ISBN　978-986-477-888-1
定價 390 元